Redbook

MA NON TROPPO

QUENTIN POR TARANTINO

WRITTEN AND DIRECTED BY
AMAZING AMEZIANE

Escrito y dirigido por Amazing Ameziane

NO SPOILER!

(¡SIN SPOILER!)

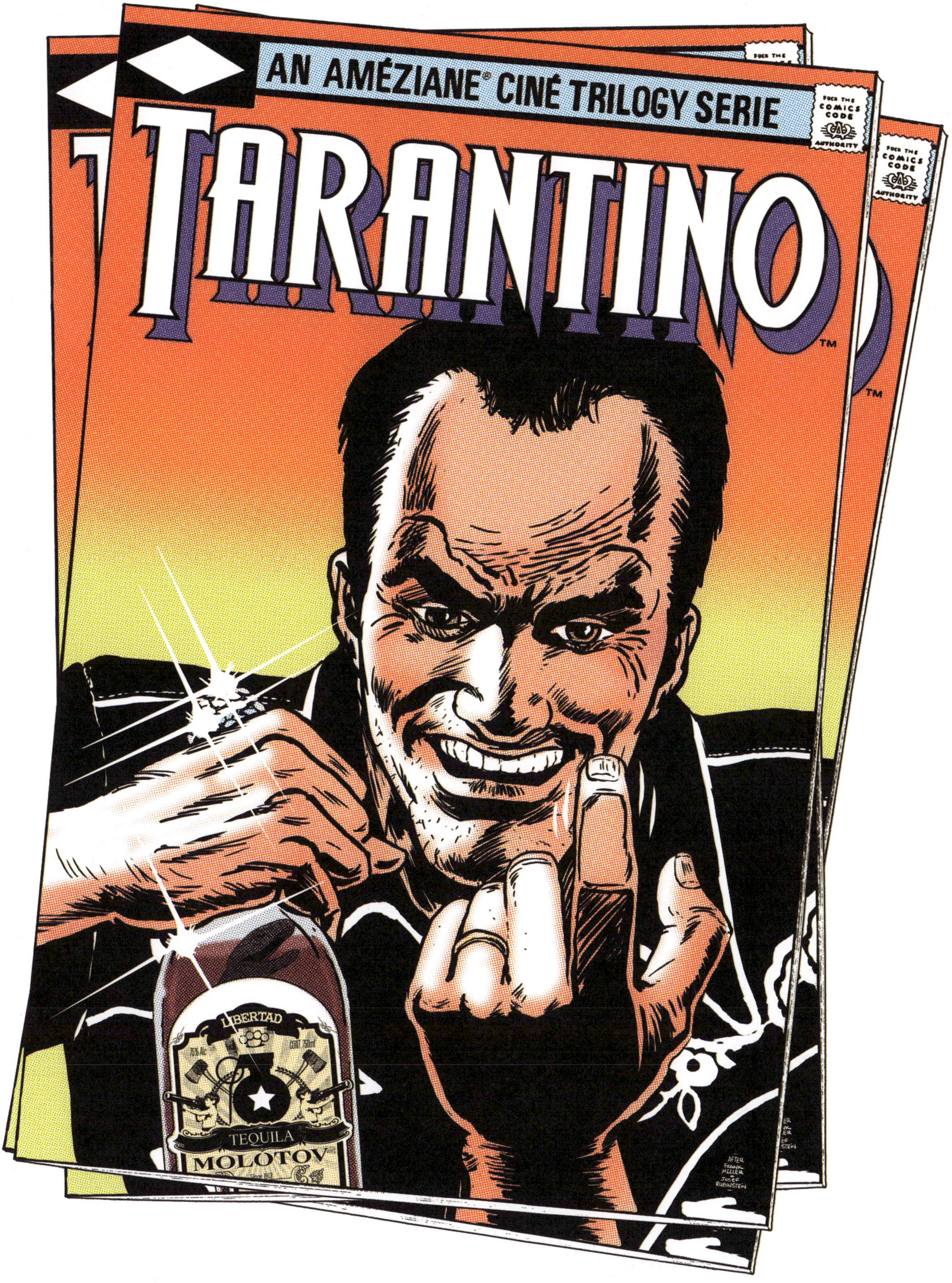

AN AMÉZIANE® CINÉ TRILOGY SERIE
FUCK THE COMICS CODE AUTHORITY
TARANTINO™
LIBERTAD
75% Alc
CONT. 750ml
TEQUILA
MOLOTOV
Since 1913
AFTER FRANK MILLER + JOSEF RUBINSTEIN

WRITTEN AND DIRECTED BY QUENTIN TARANTINO
QT'S BAR GOTANDA TOKYO
QT'S
QT'S BAR

WELCOME!
WELCOME A LA CASA DE QT.
TENEMOS TODO LO QUE PUEDAS DESEAR.
Y MUCHO MÁS TODAVÍA.
POSITIVELY NO GAMBLING
Cojones Ultra
JULES et JIM
The Searchers
¿TODO LO QUE DESEE? ¿TODO?
JACK KIRBY
THE KING
WRITTEN AND DIRECTED BY QUENTIN ARANTINO
SI TE GUSTAN LAS CHAVALAS BADASS QUE SE CARGAN A LOS MALNACIDOS, LOS J RACISTAS QUE RECIBEN LO QUE SE MERECEN Y MÚSICAS PARA FLIPAR.
SIN OLVIDAR LOS MEJORES DIÁLOGOS DEL UNIVERSO, QUE RECORDARÁS HASTA EL FIN DE LOS TIEMPOS.
POSITIVELY NO GAMBLING
ONE OF THESE DAYS, I'M GONNA GET- ORGANIZ-
CLING

HE CREADO MI PROPIA MITOLOGÍA.
NECESITO CONOCERLO TODO SOBRE ESTE UNIVERSO. TODO SOBRE MIS PERSONAJES. SI LLEVAN CALZONCILLOS, BÓXERS O SI NO LLEVAN NADA.
JULES, POR EJEMPLO, NO LLEVA NADA.
Cojones Ultra
THEY CALL HER ONE EYE
NADIE NECESITA VERLO O SABERLO. YO SÍ. SAM NECESITA SABERLO. NADIE MÁS. TENGO QUE SABER QUIÉN ERA BILL. CUANDO NACIÓ, CÓMO SE CONVIRTIÓ EN BILL. A QUIÉN TEMÍA Y SI LOS HA MATADO PARA CONVERTIRSE EN BILL.
THEY CALL HER ONE EYE
CHRISTINA LINDBERG
YO FIJO MIS PROPIAS REGLAS, Y AUNQUE SEAN IMAGINARIAS — COMO TENER UNA KATANA COLOCADA EN UN EMPLAZAMIENTO PREVISTO A TAL EFECTO EN UN AVIÓN DE LÍNEA JAPONÉS - NECESITAS CREER QUE AQUÍ ES POSIBLE.
NO NECESITO EXPLICARLAS TODAS, PERO EL PÚBLICO NECESITA SABER QUE YO LAS CONOZCO TODAS.
ASÍ PUEDEN SENTIRSE SEGUROS TANTO RATO COMO YO QUIERA Y BEBER CON DELICIA LOS CÓCTELES QUE PREPARARÉ PARA ELLOS.

POSITIVELY NO GAMBLING
ONE OF THESE DAYS, I'M GONNA GET- ORGANIZ-IZED!
IMAGINA UNA GRAN BOTELLA DE ALCOHOL CON UNA SERPIENTE VIVA EN EL INTERIOR.
ES GUAY, SI QUIERES SABER MÁS, ACÉRCATE.
Cojones Ultra
THEY CALL HER ONE EYE
CHRISTINA LINDBERG
Y DE REPENTE, YO, EL BARMAN TE LA OFREZCO PARA QUE BEBAS. TÚ ACEPTAS... PORQUE CONFÍAS EN MÍ.
NO VES NINGÚN VASO SOBRE LA BARRA.
YO TE DIGO QUE ESTE TIPO DE AGUARDIENTE SE BEBE A MORRO.
TÚ VES LA SERPIENTE.
SE ESTÁ MOVIENDO, TE MIRA.
TIENES MIEDO, PORQUE AHORA ESTÁS TAN CERCA DE LA SERPIENTE QUE CASI LA PUEDES TOCAR.
ONE OF THESE DAYS, I'M GONNA GET- ORGANIZ-IZED!
TU CEREBRO TE DICE: LA SERPIENTE ATACARÁ O ENTRARÁ EN MI BOCA EN EL MOMENTO EN QUE ME PONGA ESA BOTELLA EN LOS LABIOS. ¡PERO QUIERES BEBER!

ENTONCES TE DIGO: ESTA SERPIENTE NO ATACA CUANDO ESTÁ BORRACHA.
NUNCA HAS OÍDO NADA IGUAL. NO SABES CÓMO REACCIONAR ANTE ESTA INFORMACIÓN; PORQUE NO TIENES NINGUNA INFORMACIÓN ACERCA DE LAS SERPIENTES BORRACHAS, Y VAS A BESAR UNA. MUY PRONTO.
PERO CONFÍAS EN MÍ, ASÍ QUE BEBES.
SI TE HE MENTIDO, ME ODIARÁS HASTA EL FIN DE TUS DÍAS, PORQUE HE ABUSADO DE TU CONFIANZA PARA VENDERTE UNA BEBIDA.
LIBERTAD
75% Alc
CONT. 750ml
TEQUILA
MOLOTOV
Since 1913
HECHO IN MEXICO
100%
ARSENAL · HOMEMADE ·
WRITTEN
DIRECTED
QUENTIN
TARANTINO
PERO, EN EL MOMENTO EN QUE LEVANTAS ESA BOTELLA, ESTE MOMENTO EN QUE JAMÁS HABÍAS ESTADO TAN CERCA DE UNA SERPIENTE —LO BASTANTE CERCA COMO PARA QUE TE HAGA DAÑO—,
EN ESE MOMENTO, SI NO TE HE MENTIDO, TODO CAMBIA ENTRE NOSOTROS.

TE HE EMPUJADO A QUE AFRONTARAS TU MIEDO. Y TE HAS DADO CUENTA DE QUE YO LLEVO EL MANDO DESDE EL PRINCIPIO.
DESPUÉS DE ESTO, ME AMARÁS ETERNAMENTE Y JAMÁS OLVIDARÁS ESTE TRAGO.
Cojones Ultra
They call her One eye
CHRISTINA LINDBERG
ESTE TRAGO PODRÍA SER UN SIMPLE WHISKY CON UN POCO DE MIERDA DE SERPIENTE DENTRO. TE HAS IMPLICADO TANTO EN SU DEGUSTACIÓN QUE NUNCA TE HAS PREGUNTADO DE QUÉ MODO RESPIRA LA SERPIENTE EN EL AGUARDIENTE. Y PUEDE SER QUE ESTE TRAGO ACABE SIENDO EL MEJOR QUE HAYAS BEBIDO NUNCA.
Y ESTO ES LO QUE HAGO YO.
O SEA QUE, ¿QUÉ TE SIRVO?
ONE OF THESE DAYS, I'M GONNA GET- ORGANIZ-IZED!
Cojones Ultra

Quenti
Por
Tarantin

MA
NON
TROPPO

«Soy el mejor
en lo que hago.
Pero lo que hago mejor
no es que sea muy amable.»
- WOLVERINE –

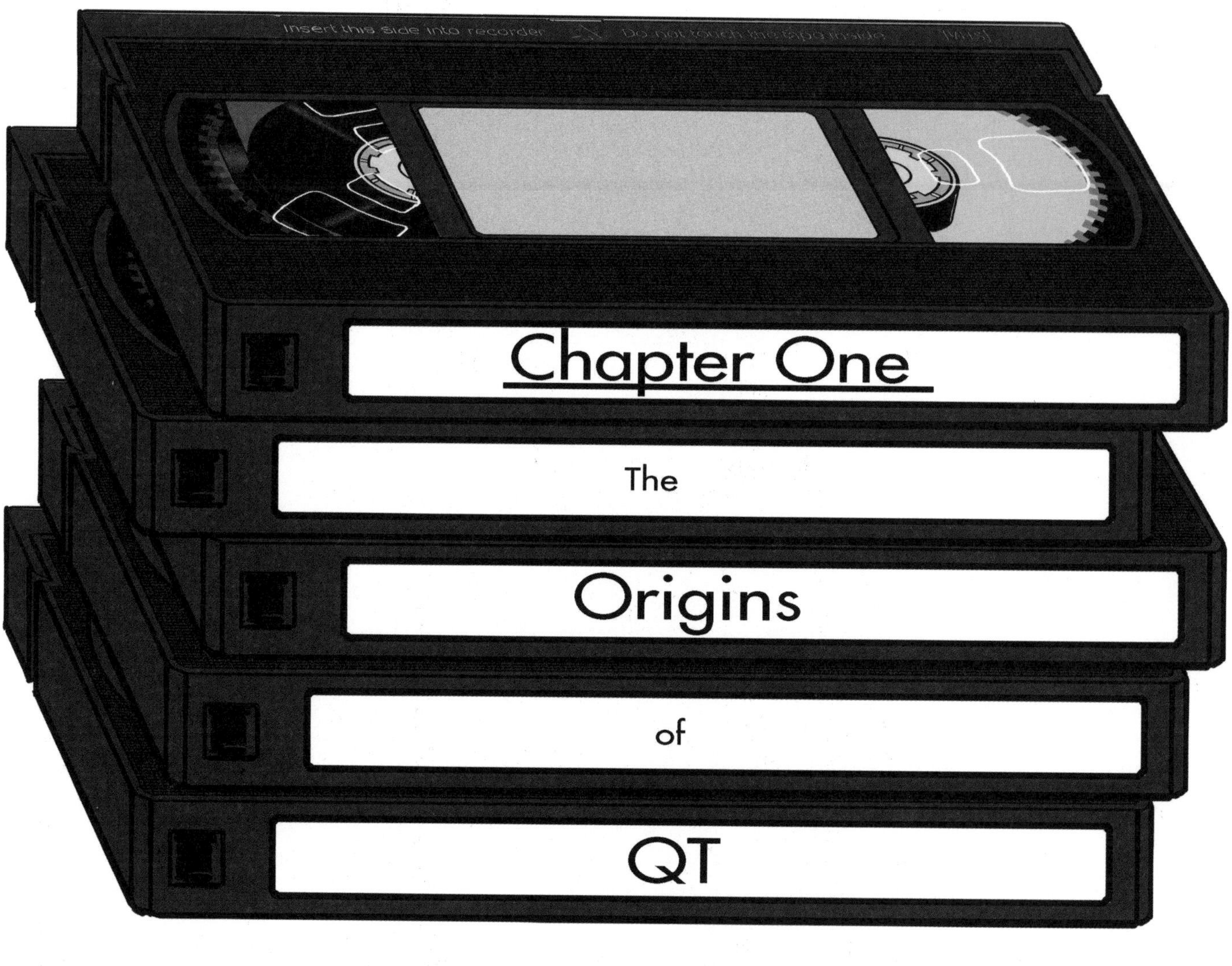

(Los orígenes de QT)

1997

A VER, ¿LO VAMOS A HACER AQUÍ?
SÍ, SI TE PARECE BIEN, QT.
SÍ, ESTUPENDO, RAOUL.

QUENTIN 1997. ¡ACCIÓN!
CLAP

(* LOS NAZIS NO SON HUMANOS. DEBEN SER DESTRUIDOS. CADA UNO DE LOS HOMBRES BAJO MIS ÓRDENES ME DEBE 100 CABELLERAS DE NAZIS. ¡Y QUIERO MIS CABELLERAS!)

WHO ARE YOU ?
(¿QUIÉN ERES?)

QUIENES NO LEEN O TIENEN MALA MEMORIA PIENSAN QUE ESTO ES UNA GENIALIDAD.
NO SOY UN GENIO DE LA ESTRUCTURA. SOY BUENO, PERO TODAVÍA HAY MARGEN.
SIN IR DEMASIADO LEJOS EN LA CINEFILIA MÁS DE VANGUARDIA, RECUERDO UNA PELICULILLA QUE COMIENZA CON LA MUERTE DEL PERSONAJE PRINCIPAL... CIUDADANO KANE, MMM, QUIZÁS OS SUENE...
PERO SI SOY UN GENIO PARA LOS DIÁLOGOS.
OYE, QT, ¿QUÉ TAL LOS TOBILLOS?
AH, NO PROBLEMO. FUNCIONAN LO BASTANTE COMO PARA IR A BUSCAR MIS ÓSCARS AL MEJOR GUIÓN ORIGINAL.
DANS UN FILM DE
GODARD
SÍ, DESPUÉS DE PULP FICTION, ESPERÉ 20 AÑOS PARA DEJAR TIEMPO A QUE LOS OTROS LO HICIERAN MEJOR QUE YO.
SAMI FREY
CLAUDE BRASSEUR
20 AÑOS PONIENDO MI TÍTULO EN JUEGO.
TODO EL MUNDO HA TENIDO TIEMPO DE HACER SU PELÍCULA DE GÁNSTERES PARLANCHINES, LLENA DE REFERENCIAS A LA CULTURA POP.
Y AL CABO DE 20 AÑOS, EL RESULTADO ES CLARO.
YO SOY EL BOSS EN ESTE TIPO DE PELÍCULAS.
ALI DIJO:
I'M THE GREATEST!
"PROMOCIÓNATE A TI MISMO. DI A TODO EL MUNDO QUE ERES GENIAL.
HASTA EL DÍA EN QUE TU TRABAJO HABLE POR TI.
SI ES CIERTO, NO HAY NADA DE CHULERÍA NI DE MENTIRA. SIMPLEMENTE ES UN HECHO."
COLÉ ESTA FRASE A MISTER WHITE EN RESERVOIR DOGS.
ALI TAMBIÉN DIJO: "ME GANAS EN SUEÑOS Y TE DESPIERTAS SOLO PARA DISCULPARTE".

THIS WOMAN HAS JUST CUT, CHOPPED, BROKEN, and BURNED FIVE MEN BEYOND RECOGNITION...
OK, QUENTIN, HÁBLAME DE CONNIE. ES UNA MUJER FUERTE, ¿NO?
MAMÁ ES UNA MUJER CON CARÁCTER, ES LO QUE SE DICE DE PERSONAS QUE TE JODEN PORQUE NO SE DEJAN PISAR.
MAMÁ TIENE MUCHO, MUCHO CARÁCTER.
I SPIT ON YOUR GRAVE
¿PODEMOS DECIR QUE HAY UN VÍNCULO ENTRE CONNIE Y BONNIE, LA MUJER DE JIMMY EN PULP FICTION, O INCLUSO JACKIE BROWN?
OH, SÍ, DESDE LUEGO.
TÚ YA LO SABES, PERO MIS PELÍCULAS SON TAN AUTOBIOGRÁFICAS QUE PARA MÍ ES CASI INDECENTE HABLAR DE ELLAS.
ASÍ QUE VOY A FONDO, PERO NO DOY LAS CLAVES PARA LA COMPRENSIÓN.
PERO HAY MUCHO DE MÍ EN MIS PELÍCULAS.
I SPIT ON YOUR GRAVE
...AN ACT OF REVENGE

MAMÁ, MEDIO IRLANDESA, MEDIO CHEROKEE, NACIÓ EN KNOXVILLE, TENNESSEE.
NO LE GUSTA MUCHO QUE YO DIGA QUE ERA UN PUEBLO DE PALURDOS, PERO PARA UN NIÑO, LO ES BASTANTE.
NO TOCABAN EL BANJO COMO EN DELIVERANCE, PERO BEBÍAN COMO COSACOS, COMO EN THE DUKES OF HAZZARD*.
THE McHUGH
(* DOS CHALADOS Y MUCHAS CURVAS.)
ASÍ QUE SE FUE A LOS ÁNGELES PARA GRADUARSE A LOS 15 AÑOS.
EN 1961 HABÍA UNA LEY SOBRE LOS MENORES EMANCIPADOS. ASÍ QUE SI SE CASABA, PODÍA HACER LO QUE QUISIERA. POR ESTE MOTIVO ME TUVO A LOS 16 AÑOS.
CONOCIÓ A MI PADRE, TONY TARANTINO, UN PSEUDO-ACTOR/MÚSICO QUE ORGANIZABA PASEOS EN PONI, Y SE CASÓ CON ÉL.
PERO LA COSA NO FUNCIONÓ Y MAMÁ LO ECHÓ FUERA SIN SABER QUE ESTABA EMBARAZADA.
DECIDIÓ TERMINAR LOS ESTUDIOS, CONVERTIRSE EN ENFERMERA Y CRIARME SOLA.

QUENTIN and CONNIE
1-01 Ziana
© 1965 United Strips Inc.
MAMÁ TRABAJA EN EL HOSPITAL. DURANTE EL DÍA CUIDAN DE MÍ LAS VECINAS.
HABLO MUY PRONTO, CON UN VOCABULARIO SUPERIOR AL DE LOS CHAVALES DE MI EDAD.
ESCUCHO A LOS MAYORES Y HAY UNA PALABRA QUE EN SEGUIDA ME GUSTA.
BULLSHIT.*
(*CHORRADA O MIERDA DE TORO, LITERALMENTE.)
LO DIGO TODO EL RATO.
BULLSHIT!
DESDE LUEGO, LOS ADULTOS SE RÍEN, PERO MAMÁ SABE QUE VOY A TENER PROBLEMAS...
CON TU LENGUAJE, SI SIGUES ASÍ...
...EN LA GUARDERÍA.
Y MAMÁ ME PRESENTA A CURTIS ZASTOUPIL. UN MÚSICO NEGRO MUY GUAY QUE TOCA EN CLUBS* DE LA CIUDAD.
¿CUÁNTOS AÑOS TIENES, QUENTIN?
4 AÑOS.
QUE GUAY, YA CASI ERES UN HOMBRE...
ES SÚPER AMABLE CONMIGO, SE HA CONVERTIDO EN MI «PAPÁ».
SÍ, BULLSHIT.
¡QT!
HA HAHA!!
(* COMO EL RAMADA INN, CLUB QUE SE PUEDE VER EN ÉRASE UNA VEZ EN AMÉRICA.)

(*GRUPO SALVAJE, DE SAM PECKINPAH - 1969.)

QUENTIN and CONNIE and CURT
© 1968 United Strips Inc.
POR LA TARDE VAMOS AL CINE Y, A VECES, NO SE LO DECIMOS A MAMÁ, Y TAMBIÉN VAMOS DE NOCHE CON ELLA.
MAMÁ, ¿PUEDO?
OTRA DE...
PALO-MITAS...
NO, QUENTIN, YA HAS COMIDO...
¿CUÁNDO HE COMIDO, CURTIIISSSS?
¿CUÁNDO? DIME.
AH, SÍ, CON MAMÁ EN EL CINE.
PERO SI HACE UNA SEMANA AL MENOS.
¿VERDAD CURTIIISSSS?
¿CURT?
EL HERMANO MENOR DE CURTIS VIENE A VIVIR CON NOSOTROS,Y TAMBIÉN ESTÁ ROGER, MI TÍO DE 13 AÑOS, AL QUE MAMÁ HA ACOGIDO PARA EDUCARLO MEJOR QUE LA ABUELA.
ES GENIAL, EN CASA TODO EL MUNDO ES JOVEN, NOS DIVERTIMOS HABLANDO TODO EL RATO Y MIRANDO LO QUE QUIERO EN LA TELE.
CON CURTIS, MIRANDO LA TELE DURANTE UN EPISODIO DE TWILIGHT ZONE*, ME ENSEÑA COSAS GUAY:
ESTE EST RODDY McDOWALL.
ES EL QUE INTERPRETABA A CAESAR EN *THE PLANET OF THE APES***.
(* EN LOS LÍMITES DE LA REALIDAD.)
(** EL PLANETA DE LOS SIMIOS - 1968)
¿PERO CÓMO PUEDE SABER TODO ESTO, CURTIS?
¿CURTIS VE BAJO LAS CARETAS DE LOS SIMIOS?
ASÍ QUE, PARA HACERSE ADULTO, SE TIENE QUE SABER TODO SOBRE EL CINE.
¡RETO ACEPTADO!

QUENTIN and CONNIE
1-01
© 1969 United Strips Inc.
YO ACOMPAÑABA A CURTIS EN COCHE POR LOS ÁNGELES CUANDO IBA A BUSCAR SU PAGA CADA SEMANA.
Y CON LOS BOLSILLOS LLENOS NOS HARTÁBAMOS DE HELADOS Y DE COMICS.
A CADA PASEO EN SU KARMANN GHIA*, YO VEÍA DESFILAR UNA CIUDAD MÁGICA.
YO ESTABA CONTENTO.
(* ES LO QUE QUISE REPRODUCIR EN ÉRASE UNA VEZ EN... HOLLYWOOD. TAMBIÉN ES EL COCHE DE UMA EN KILL BILL VOL. 2)
Y MAMÁ ME DICE QUE CURTIS YA NO VOLVERÁ.
ACABO DE PERDER A MI "PAPÁ", O LO QUE SE LE PARECE MÁS, POR SEGUNDA VEZ.
EN THE BIG RED ONE*, LA PELÍCULA DE SAMUEL FULLER SOBRE LA SEGUNDA GUERRA MUNDIAL, SALE LUKE SKYWALKER Y ES UN PELICULÓN.
TIENES A UN PUÑADO DE SOLDADOS DE LA BIG RED ONE**, SIEMPRE LOS MISMOS, QUE SOBREVIVEN A TODOS LOS ATAQUES. ASÍ QUE REGULARMENTE LA US ARMY ENVÍA REFUERZOS.
(* UNO ROJO, DIVISIÓN DE CHOQUE - 1981.)
(** PRIMERA DIVISIÓN DE INFANTERÍA.)
LOS NUEVOS LA PALMAN CADA VEZ. ASÍ QUE LA BIG RED ONE DEJA DE RECORDAR SUS NOMBRES.
SÍ, NO SIRVE PARA NADA AFERRARSE A ELLOS, YA QUE NO SE QUEDARÁN.
PUES BIEN, YO HAGO LO MISMO, ME QUEDO EN MI HABITACIÓN LEYENDO O JUGANDO CON MIS GI JOE.

A VECES IBA A LEER CÓMICS A CASA DE MIS VECINOS, A QUIENES LES COSTABA COMPRENDER QUIÉN ERA YO.

ME ENCANTABAN LAS PELÍCULAS DE KUNG FU Y DE BLAXPLOITATION, ASÍ QUE LOS CÓMICS DE LUKE CAGE CON IRON FIST, UN BRUCE LEE RUBITO, ME FLIPABAN UN MONTÓN.

HABÍAN MONTADO UNA AGENCIA DE HÉROES DE ALQUILER EN HARLEM. VAYA VAYA, *HEROES FOR HIRE*, MENUDO TÍTULO FORMIDABLE.

CON ELLOS ESTABA MISTY KINGHT, UNA PAM GRIER CON EL BRAZO BIÓNICO, Y SU AMIGA TACITURNA CON SU LARGA KATANA, COLLEEN WING. SOÑABA ESCRIBIR UNA PELÍCULA SOBRE LUKE CAGE Y SU BANDA.

LO PENSÉ DURANTE AÑOS. INCLUSO DESPUÉS DE KILL BILL, PENSÉ QUE PODÍA SER DIVERTIDO, AUNQUE SOLO FUERA PARA HACER FELIZ AL CHAVAL QUE FUI.

(* Escribió las novelizaciones del primer STAR WARS, y de STAR TREK, OUTLAND, THE BLACK HOLE, THE THING, PALE RIDER. También es autor de numerosas novelas de ciencia ficción.)

SIEMPRE VOLVEMOS A NUESTROS AMORES DE INFANCIA.
CUANDO ERA UN CHAVAL, CON LAS NOVELIZACIONES, ME PILLÓ EL VIRUS DE LA LECTURA. LUEGO COGÍ LAS NOVELAS QUE CORRÍAN POR CASA, LAS POLICÍACAS DE MI MADRE O DE SUS AMIGOS.
EN CLASE ES UNA CATÁSTROFE. ME ABURRO Y ME NIEGO A ESTUDIAR ASIGNATURAS QUE NO ME GUSTAN.
ES DECIR, TODAS SALVO INGLÉS E HISTORIA. MAMÁ ALUCINA Y ME LLEVA A HACER UN TEST PSICOLÓGICO.
RESULTADO: 160, O SEA, UN CI ALTO. MUCHAS POSIBILIDADES, UNA EXCELENTE MEMORIA, PERO TAMBIÉN UNA FUERTE PERSONALIDAD.
SE QUEDA TRANQUILA, PERO HORRORIZADA POR MIS NOTAS.
EN CLASE SE BURLAN DE MÍ. UN DÍA, EL PROFE DE INGLÉS, LARRY SIMPSON, SE IRRITA.
¡NO! QUENTIN NO ES IDIOTA.
LEE A UN NIVEL MUY SUPERIOR AL VUESTRO. LEE LIBROS PARA ADULTOS. Y EN LA VIDA, SI NO SE LEE, NO SE LLEGA A NADA.
ES EL ÚNICO PROFE QUE ME APOYÓ DURANTE MI ESCOLARIDAD.

I ♥ Elmore LEONARD

(* He estado tres veces en la cárcel, pero por multas de aparcamiento impagadas. Tomé nota de los diálogos y expresiones que oí allí.)

(* LOS TIMADORES – 1990.)

(* PONCHE DE RUN) (**UN PEQUEÑO CAMBIO. Al final de la novelización de ÉRASE UNA VEZ EN... HOLLYWOOD, en formato de bolsillo en los EE.UU., hay un anuncio auténtico para THE SWITCH de ELMORE LEONARD.)

Nos mudamos a un barrio nuevo, y la mayoría de los alumnos eran negros.
A mí no me planteaba ningún problema, desde pequeño vivía con adultos negros, escuchaba la misma música, mis héroes eran JIM BROWN, FRED WILLIAMSON y PAM GRIER.
Algunos me comprendían, para otros, yo era un tipo alto y raro. Pero me daba igual, para mí la escuela había terminado.
(* Famosa expresión de los setenta; los hippies, a menudo chicas, hacían autoestop, y los camioneros les decían «Nobody is riding for free, it's gas, grass or ass» --> «Nadie circula gratis, se paga la gasolina, la hierba o me das tu culo».)
DEJO LA ESCUELA.
AQUÍ NADIE CIRCULA GRATIS*.
DUDO QUE ME CONVENGA ALGUNA DE LAS SOLUCIONES, MAMÁ.
PAGA "LA GASOLINA" EN METÁLICO, Y YA ESTÁ.
MÁS TE VALE ENCONTRAR UN TRABAJO O TE VUELVES A LA ESCUELA.
QUE-SIRVE-PARA-ENSEÑARTE-UN-TRABAJO.
LO HABLAMOS MÁS TARDE.
BUENO, ME EXTRAÑARÍA.
¿¡QUÉ!?
QUIERO DECIR, SEGURAMENTE ESTARÉ EN EL CURRO... SI NO TENEMOS LOS MISMOS HORARIOS NO ME VERÁS MÁS.
PONDRÁS TU PARTE DE GASTOS EN EL CANGURO.
GRACIAS MAMÁ.
ALA, VETE ANTES DE QUE CAMBIE DE OPINIÓN.
Puso mala cara unos días, pero es normal, la educación había sido su puerta de salida de la prisión de la mediocridad.
Había pasado de enfermera al sector comercial para convertirse en mánager. El día en que cumplí 32 años, recibía el Óscar de su profesión.

LOS JEFES NO SE APRESURABAN A LA HORA DE CONTRATAR A UN CHAVAL DE 16 AÑOS SIN EXPERIENCIA, AUNQUE MIDIERA 1,80 M.
PARA MARCAR MI INDEPENDENCIA, RETOMO MI NOMBRE Y ME CONVIERTO EN QUENTIN TARANTINO.
QUIERO TRABAJAR EN EL CINE (ES LO ÚNICO QUE CONOZCO).
DESPUÉS DEL TERCER CINE QUE ME RECHAZA PORQUE SOY DEMASIADO JOVEN, ME PASO 2 AÑOS FILMANDO LA ESQUINA, DESDE LA ENTRADA DEL PUSSYCAT LOUNGE.
Termino trabajando en el único cine cuyas películas no tengo ganas de ver. Es un cine porno.
¿Sabes? En aquel momento, con DEEP THROAT* que se había estrenado y había triunfado, el porno estaba a tope.
Las parejas iban juntas. Eran los últimos ecos del FREE LOVE. Pero no en aquel cine. Solo iban los de siempre.
(* GARGANTA PROFUNDA – 1972.)
DE HECHO NO TRABAJO EN LA SALA, CON LO QUE ME AHORRO EL FREAK SHOW. LLEVO EL PUESTO DE BEBIDAS Y CARAMELOS.
YA SABES, COMO LA FUTURA MUJER DE ROBERT DE NIRO EN TAXI DRIVER.
¿ALGUIEN TE HA TIRADO LOS TEJOS?
SIP.
IT'S A PUSSYCAT THEATRE
¿UN PERVERTIDO CON GABARDINA?
MEJOR QUE ESO. ESTABA CERRANDO EL PUESTO Y SE PRESENTA UNA SÚPER PAVA.
CUANDO DIGO UNA SÚPER PAVA QUIERO DECIR EL TIPO DE PAVA QUE, CUANDO LOS TÍOS LA VEN, SE VAN A UN RINCÓN CON UN KLEENEX PENSANDO EN ELLA.
OH, ¿ESTÁS CERRANDO, CARIÑO? QUERÍA UN BUTTERFINGER Y UNA ROYAL CROW COLA.
LO SIENTO, SEÑORITA, ACABO DE CERRAR LA CAJA.
VENGA, ENRÓLLATE, LOS DOS TRABAJAMOS EN CIERTO MODO EN EL MISMO OFICIO.
YO TRABAJO EN ESTE, YA SABES.
HE VENIDO A VER MI PELÍCULA.
HOT LUNCH
MMM... ¿CÓMO PUEDO SABERLO?
ASÍ QUE, ME HA DICHO UN BUTTERFINGER Y UNA ROYAL CROWN COLA. ¿PEQUEÑA O GRANDE?
LE DARÉ LA GRANDE.

Cuando dejo mi mierda de curro me voy al VIDEO ARCHIVES, un video club con un catálogo excelente. Soy supercolega de los vendedores.
HEY TÍOS, ADIVINAD A QUIÉN HE VISTO HOY Y QUE ME QUERÍA COMPRAR BONBECKS*?
(* CARAMELOS)
EH, ROGER, A VER SI DEJAS DE FRECUENTAR EN TUS RATOS LIBRES EL CINE DE QUENTIN.
AL FINAL TE DOLERÁ LA MUÑECA.
¿PUES QUÉ QUIERES? ME ENCANTA ADMIRAR EL TRABAJO MANUAL DE TU MADRE.
HA! HAHA!
HAHAHA!
NO, EN SERIO, UNA CHAVALA INCREÍBLE HA VENIDO A VERME.
¿DE QUÉ TIPO?
UNA PAM GRIER BLANCA.
¡OH MY GOD! ¿Y QUÉ HAS HECHO?
VALE, YA CONOCEMOS EL RESTO DE LA HISTORIA ...
EN RESUMEN, ME PASABA TODO EL TIEMPO LIBRE CON ELLOS.

Insert this side into recorder
Do not touch the tape inside
VHS
VIDEO ARCHIVES

A VECES ME DEJAN LLEVAR LA TIENDA SOLO, CUANDO SE VAN DE COMPRAS.
DE TODAS MANERAS, LOS CLIENTES ME TOMAN YA POR UN VENDEDOR Y ME PIDEN CONSEJOS. ES NORMAL QUE ACABEN PAGÁNDOME POR ELLO.
SI NO HUBIERA LOGRADO HACER PELÍCULAS, HABRÍA PODIDO SER EL MEJOR CURRO DE MI VIDA.
VIDEO ARCHIVES TENÍA CASI 9.000 PELÍCULAS. SI LO SÉ ES PORQUE LAS COMPRÉ TODAS CUANDO LA TIENDA CERRÓ.
LO CUAL ME PERMITIÓ HACER REALIDAD LO QUE ME HABÍA PROPUESTO HACER CUANDO LLEGUÉ ALLÍ: VISIONAR TODAS LAS PELÍCULAS DE LA TIENDA.

EN VIDEO ARCHIVES PILLO QUE LO QUE CURTIS ME HABÍA HECHO CREER ES FALSO.
LOS ADULTOS NO TIENEN NI IDEA DE CINE.
EN CUALQUIER CASO, NO COMO NOSOTROS. NO COMO YO.
Y ES UN TALENTO QUE PUEDE PAGARME EL ALQUILER, SI ES UN ALQUILER BAJO.
O LA MITAD DE UN ALQUILER. LA OTRA MITAD DEL ALQUILER DE ROGER AVARY, POR EJEMPLO.

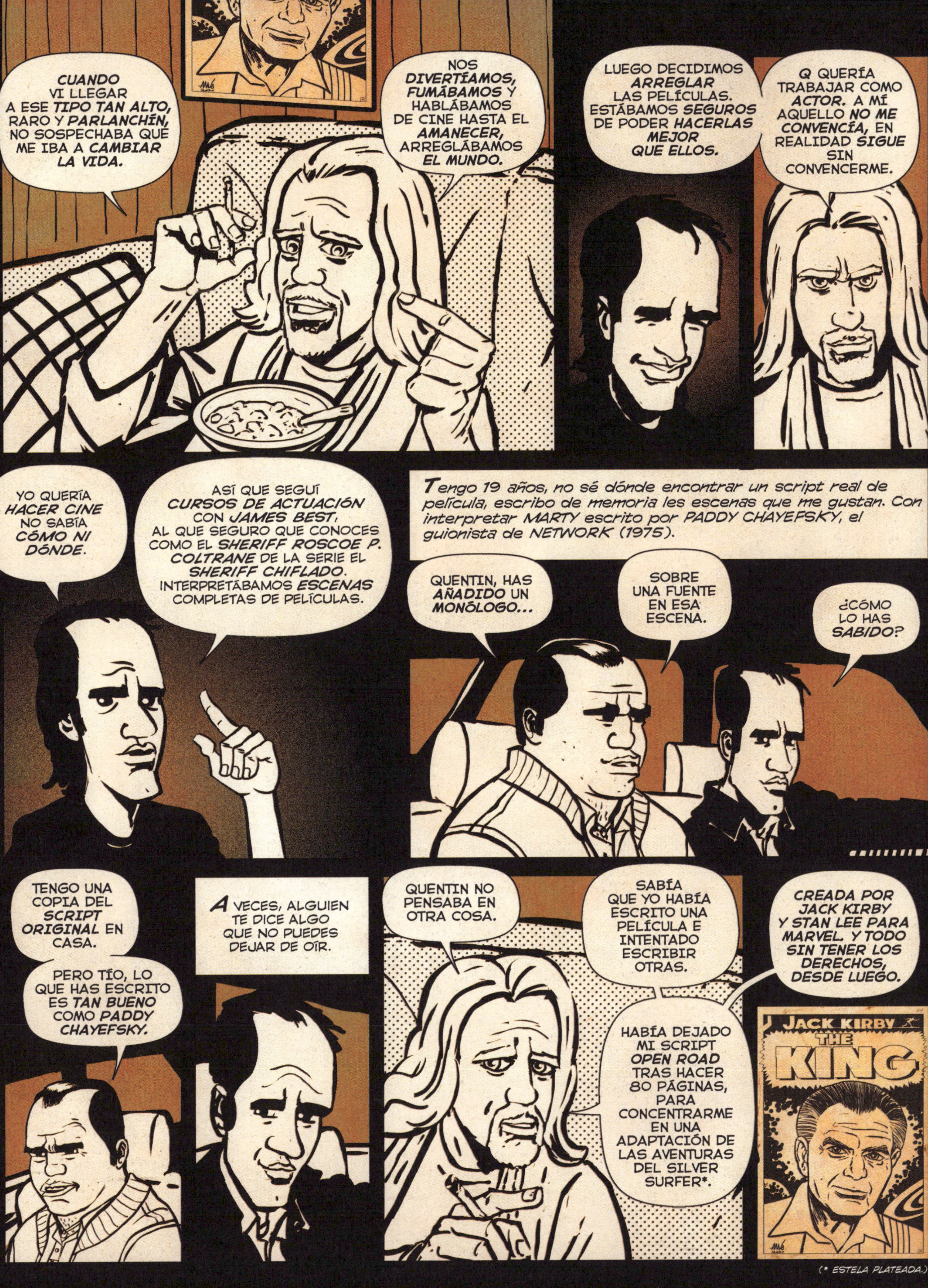
CUANDO VI LLEGAR A ESE TIPO TAN ALTO, RARO Y PARLANCHÍN, NO SOSPECHABA QUE ME IBA A CAMBIAR LA VIDA.
NOS DIVERTÍAMOS, FUMÁBAMOS Y HABLÁBAMOS DE CINE HASTA EL AMANECER, ARREGLÁBAMOS EL MUNDO.
LUEGO DECIDIMOS ARREGLAR LAS PELÍCULAS. ESTÁBAMOS SEGUROS DE PODER HACERLAS MEJOR QUE ELLOS.
Q QUERÍA TRABAJAR COMO ACTOR. A MÍ AQUELLO NO ME CONVENCÍA, EN REALIDAD SIGUE SIN CONVENCERME.
YO QUERÍA HACER CINE NO SABÍA CÓMO NI DÓNDE.
ASÍ QUE SEGUÍ CURSOS DE ACTUACIÓN CON JAMES BEST, AL QUE SEGURO QUE CONOCES COMO EL SHERIFF ROSCOE P. COLTRANE DE LA SERIE EL SHERIFF CHIFLADO. INTERPRETÁBAMOS ESCENAS COMPLETAS DE PELÍCULAS.
Tengo 19 años, no sé dónde encontrar un script real de película, escribo de memoria les escenas que me gustan. Con interpretar MARTY escrito por PADDY CHAYEFSKY, el guionista de NETWORK (1975).
QUENTIN, HAS AÑADIDO UN MONÓLOGO...
SOBRE UNA FUENTE EN ESA ESCENA.
¿CÓMO LO HAS SABIDO?
TENGO UNA COPIA DEL SCRIPT ORIGINAL EN CASA.
PERO TÍO, LO QUE HAS ESCRITO ES TAN BUENO COMO PADDY CHAYEFSKY.
A VECES, ALGUIEN TE DICE ALGO QUE NO PUEDES DEJAR DE OÍR.
QUENTIN NO PENSABA EN OTRA COSA.
SABÍA QUE YO HABÍA ESCRITO UNA PELÍCULA E INTENTADO ESCRIBIR OTRAS.
HABÍA DEJADO MI SCRIPT OPEN ROAD TRAS HACER 80 PÁGINAS, PARA CONCENTRARME EN UNA ADAPTACIÓN DE LAS AVENTURAS DEL SILVER SURFER*.
CREADA POR JACK KIRBY Y STAN LEE PARA MARVEL. Y TODO SIN TENER LOS DERECHOS, DESDE LUEGO.
JACK KIRBY THE KING
(* ESTELA PLATEADA.)

(* UN LISTÍN, EN EFECTO, COMO LOS LISTINES TELEFÓNICOS DONDE PODÍAS ENCONTRAR LOS NOMBRES Y DIRECCIONES DE LA GENTE QUE VIVÍA CERCA DE TI. LOS ROBOTS ASESINOS DEL FUTURO UTILIZAN UNO PARA ENCONTRAR A SARAH CONNOR.)

MI HISTORIA SE HABÍA DISUELTO EN ÁCIDO Y NO QUEDABA MUCHO MÁS QUE UNA O DOS IDEAS MENORES Y LOS NOMBRES DE LOS DOS PERSONAJES PRINCIPALES.
THE WARRIORS
ESTABAN LOS AMANTES ASESINOS DE NATURAL BORN KILLERS*. LOS LADRONES DE DIAMANTES DE RESERVOIR DOGS O EL PAR DE ASESINOS DE PULP FICTION.
PERO AQUELLO NO ERA TODO, EN AQUELLA HISTORIA ESTABA LA BASE DE TODAS LAS FUTURAS PELÍCULAS DE QUENTIN.
(* ASESINOS NATOS – 1994.)
TRUE ROMANCE
ERA TALENTO EN ESTADO BRUTO.
UN DIAMANTE DE 200 QUILATES QUE SE TENÍA QUE TALLAR. NADIE PODÍA LUCIR EN EL DEDO UNA JOYA TAN PESADA.
THE WARRIORS
TENÍA QUE CORTARSE EN VARIOS TROZOS. UN TRABAJO QUE HICIMOS JUNTOS.
Q QUERÍA HACER UNA PELÍCULA, UNA PEQUEÑA PELI INDEPENDIENTE, ALGO NUESTRO, CON FRAGMENTOS DE AMOR A QUEMARROPA.
HABÍA LOGRADO CONVENCER A LOS OTROS TIPOS DE VIDEO ARCHIVES Y A ALGUNOS CLIENTES PARA QUE INVIRTIERAN EN MY BEST FRIEND'S BIRTHDAY.
RODAR AQUELLA PELÍCULA NOS LLEVÓ 3 AÑOS. PEDIMOS AYUDA A TODO EL MUNDO.
COMPRÁBAMOS ROPA SOLO PARA PODER FILMARLA, Y Q SE PASÓ 3 AÑOS CON UN CORTE DE PELO A LO ELVIS. DUDO QUE FUERA UNA TORTURA PARA ÉL.
UNA VEZ TERMINAMOS EL RODAJE, TENÍAMOS QUE REVELAR LA PELÍCULA.
PERO LA TIENDA ARDIÓ.
UNA PELÍCULA ES MUY INFLAMABLE.
EL SUEÑO DE QUENTIN REDUCIDO A CENIZAS.

3 años de mi vida que se habían esfumado.
MY BEST FRIEND'S BIRTHDAY
El laboratorio me pasó un VHS de los 30 minutos restantes. Los visioné con miedo.
SCHLOUP
›PLAY
MY BEST FRIEND'S BIRTHDAY
Menudo bodrio.
Lo que habíamos rodado el primer año era una mierda.
BLEARK
Mira, el segundo año de rodaje, las luces están algo mejor.
Espera, espera, lo que rodamos el tercer año no está mal. No está nada mal.
Sigue siendo un escalpelo clavado en la retina, pero hay una clara mejoría.
Abandono MY BEST FRIEND'S BIRTHDAY y sigo escribiendo AMOR A QUEMARROPA.

AH, YOU WANT TO MAKE MOVIES...

(Ah, así que quieres hacer pelis...)

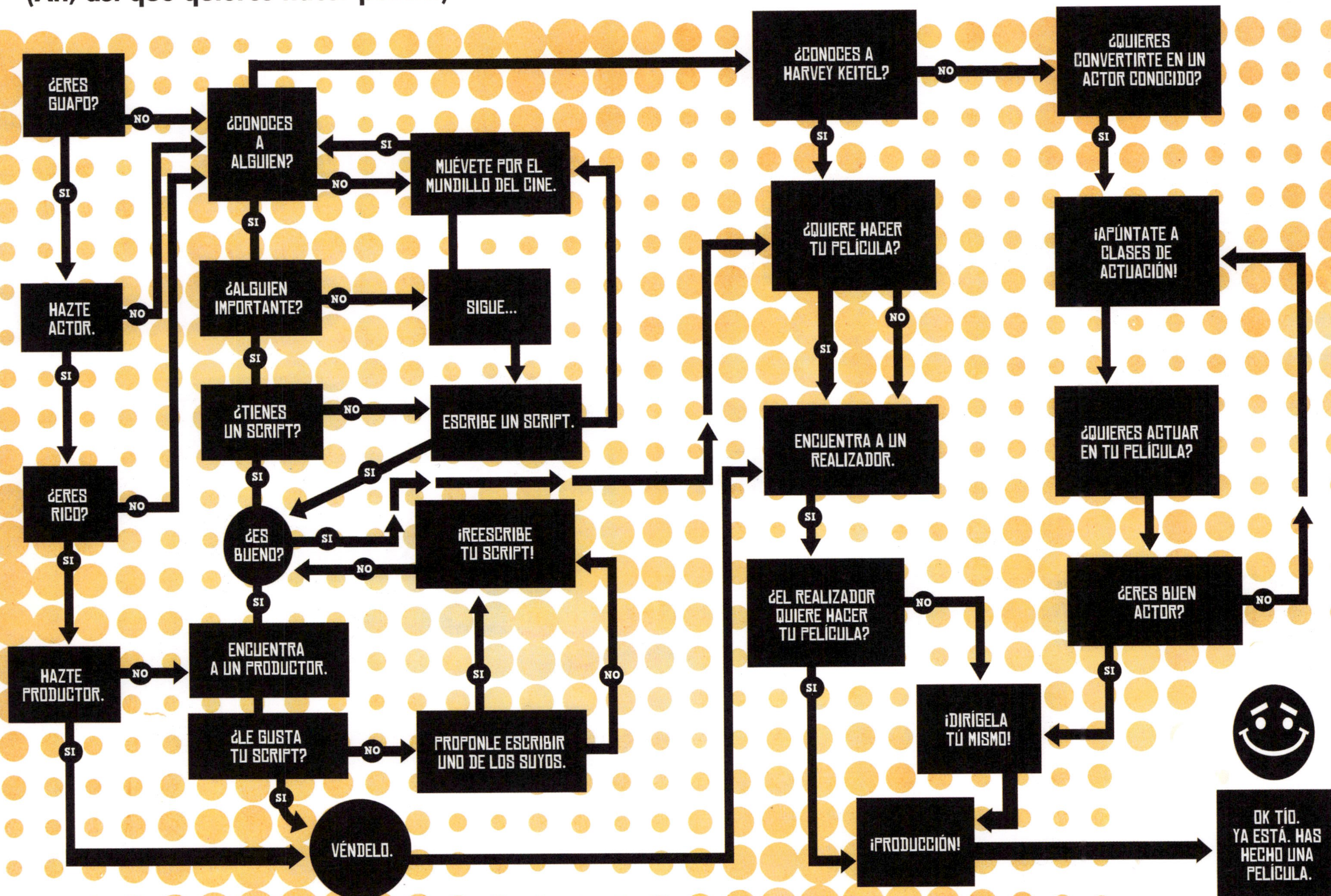

PAULINE KAEL, la célebre crítica de cine, hablaba siempre de GODARD y de todo lo que bueno que había aportado al cine.
Hay un festival GODARD de una semana. Siguiendo sus consejos, voy a ver qué tal. Voy dos días para hacerme una idea.
ANNA KARINA SAMI FREY CLAUDE BRASSEUR DANS UN FILM DE JEAN-LUC GODARD
bande à part
D'APRÈS LE ROMAN "PIGEON VOLE" DE DOLORÈS HITCHENS PUBLIÉ AUX ÉDITIONS GALLIMARD - SÉRIE NOIRE
DIRECTEUR DE LA PHOTOGRAPHIE RAOUL COUTARD MUSIQUE DE MICHEL LEGRAND
UNE CO-PRODUCTION ANOUCHKA FILMS - ORSAY FILMS DISTRIBUÉE PAR COLUMBIA
COLUMBIA FILMS S.A. 20, Rue Troyon - Paris (17e)
Veo UNE FEMME EST UNE FEMME* y BANDE À PART**. Y me gusta tanto que aunque termino la semana con WEEK-END, que no me gusta, no pasa nada. Porque ahora ya sé.
Con estas películas todavía frescas en el coco, vuelvo a leer el artículo de PAULINE KAEL sobre BANDE À PART.
Y descubro AL FIN mi objetivo en la vida.
"ES COMO SI GODARD, ESE LOCO FRANCÉS DE LA NOUVELLE VAGUE, ACABARA DE ADAPTAR UNA NOVELA POLICÍACA BANAL, PERO SOLO HUBIERA CONSERVADO LA POESÍA ESCRITA ENTRE LÍNEAS"
¡ME GUSTA GOD-ART!
PAULINE KAEL
(* UNA MUJER ES UNA MUJER.)
(** BANDA APARTE.)

ESTA ES MI FILOSOFÍA, EXACTAMENTE.
MÁS QUE LAS PELÍCULAS DE GODARD, FUE ESTE ARTÍCULO DE PAULINE KAEL LO QUE ME MOSTRÓ EL BUEN CAMINO, MI CAMINO.
Y LA OTRA DIRECCIÓN DE MI VIDA, ES HACER ARTE NOBLE CON ARTE POPULAR.
Más tarde, GODARD dirá todo lo malo que piensa de mí, pero ya me da igual. Es demasiado tarde, JEAN-LUC, la semilla está plantada.
Y nadie me podrá detener ya.

Gracias a mi nuevo curro puedo pasear por los rodajes, y conozco a TONY SCOTT.
Ese tipo es un auténtico genio. TOP GUN y REVENGE* son películas de culto para mí.
TONY SCOTT
(* LA VENGANZA — 1990.)
REVENGE, un cine tan negro que al final de la película te quedas pasmado, perdido.
Paso el máximo de tiempo posible con TONY, que es súper amable y responde a todas mis preguntas.
YEAH
Tony está encantado de charlar con un jovencito que conoce de verdad el cine.
Llega entonces el momento más difícil en la vida de un realizador, cuando un desconocido te dice que te quiere pasar un script. Pero él acepta leerlo.
yes...
NO!
S###
Le doy AMOR A QUEMARROPA.
TRUE ROMANCE
Lo lee y le encanta.
También quiere leer ASESINOS NATOS.
OH YEAH!
Lo mismo, le encanta. Tony Scott quiere comprar los 2.
OH F### YEAH!!!
Después de los 3 años perdidos con nuestro abogado inglés, me cuesta confiar en otro inglés... pero es TONY SCOTT.
Le digo que solo puede tener uno. Elige AMOR A QUEMARROPA.
TRUE ROMANCE
NBK
Intenta montarla pero es más complicado de lo que parece. Incluso para él.
TRUE ROMANCE

SAMUEL HADIDA, un productor francés de serie B, llega a Los Angeles y quiere irse con una película.
Pregunta, en la empresa donde trabajo, si conocen a un tipo que pueda escribir el script que necesita.
Nos vemos en el CHATEAU MARMONT, un restaurante de lujo. Acepto todo lo que quiere, escribiría las aventuras sexuales de DUMBO, si esto pudiera permitirme hacer mi película.
Primero quiere ver de qué soy capaz y leer uno de mis scripts.
spec
YES?
NO?
yes! yes!
Cuando termina de leer AMOR A QUEMARROPA, olvida su proyecto inicial.
Quiere hacer AMOR A QUEMARROPA.
TRUE ROMANCE
Me compra AMOR A QUEMARROPA.
$
WRITER
Entre la pasta de AMOR A QUEMARROPA y la de mi aparición como ELVIS en la serie LAS CHICAS DE ORO*, tengo finalmente el mini presupuesto para hacer mi primera película. Con 30.000 $, comienzo a escribir la película que quiero realizar en seis meses.
$NAP
(* El único trabajo de actor que mi agente fue capaz de encontrar para mí.)
SAMUEL HADIDA me pregunta qué realizador veo para AMOR A QUEMARROPA. Le digo WILLIAM LUSTIG, el tipo que hizo MANIAC COP (1988).
Lustig está de acuerdo, pero quiere revisar el escenario y ponerlo todo en orden cronológico.
NO!
Tu primer script, ya sabes, es el leño que va a arrancar la locomotora. Tienes que sacrificar tu primer bebé para avanzar.
BYE
Mierda, prefiero trabajar con TONY SCOTT, que respetará mi trabajo.
HADIDA se asocia con MIRAMAX para producir AMOR A QUEMARROPA.
Primera frase de la primera entrevista entre Harvey Weinstein y Samuel Hadida:
RECHAZAMOS LA ELECCIÓN DEL REALIZADOR. NADA DE LUSTIG.

HADIDA propone entonces a TONY SCOTT a MIRAMAX, porque sabe que la película le interesa realmente.

TONY tiene también un increíble carnet de direcciones que nos permitirá reunir al fin el presupuesto de la película con la venta de los derechos internacionales. La clásica técnica de la HAMMER y la CANNON.

Un póster. 3 estrellas y con lo que pillas haces la película

Mientras van a pescar la pasta, yo escribo tranquilo RESERVOIR DOGS. En cuatro semanas. Y me flipa lo que estoy haciendo. Ahora quiero hacerlo toda la vida.

MIRAMAX se retira de la producción de AMOR A QUEMARROPA. Pero Weinstein no ha terminado conmigo, tiene el ojo puesto, distante pero insistente, en todos mis futuros trabajos.

Todos pensamos en volver a casa, con las manos vacías. De todos modos, yo he pasado el duelo de AMOR A QUEMARROPA en tanto que primera película.

Vuelvo a casa de mi madre. A mi habitación de niño, con más de 20 tacos.

Quiero guardarme toda la pasta para montar RESERVOIR DOGS.

HADIDA ha currado demasiado en AMOR A QUEMARROPA, ha gastado demasiado y sigue creyendo en ello a tope.

No ha leído mejor script que el mío. Lo cual me conmueve, claro está.

Decide producirlo solo. TONY le permitirá disponer de un CASTING de estrellas. Y la venta es lo suyo. Y siempre es más fácil vender algo de calidad. No siempre, pero es una ayuda, seguro.

TONY SCOTT acepta bajarse el salario, sabe que al fin hará una película personal, esto no tiene precio. Y echa un vistazo a su rolodex*
(* Es el antecesor del carnet de direcciones. Imagina tu lista de contactos, impresa y ordenada en forma de cilindro sobre un soporte de plástico.)
TONY convencerá a los nombres más grandes para vender la película. Una vez que DENNIS HOPPER y CHRISTOPHER WALKEN están a bordo, el rumor de un rollo a lo grande recorre Hollywood. GARY OLDMAN se une a nosotros. Hay estrellas que vienen solo unos días, para formar parte de un rollo realmente guay.
Mi nombre da la vuelta al mundillo. Siempre he tenido un agujero en el bolsillo, pero veo a tipos que comienzan a montar planes de negocio sobre mí.

Conozco a SCOTT SPIEGEL, que ha escrito EVIL DEAD con SAM RAIMI.

Vive en una mansión donde también residen SAM RAIMI, JOEL & ETHAN COEN, HOLLY HUNTER, FRANCES McDORMAND y KATHY BATES.

Conozco a ROBERT KURTZMAN, la K de KNB EFX GROUP (Kurtzman-Nicotero-Bergman), la célebre compañía de efectos especiales.

Aprendieron con GEORGE ROMERO y trabajaron en EVIL DEAD. El original, claro, no esa tontería de remake.

KURTZMAN tiene una idea de película titulada ABIERTO HASTA EL AMANECER. Una historia de vampiros. Con mogollón de sangre y de monstruos.

La oportunidad de hacer una auténtica película de terror, con animalillos, hectolitros de sangre, imposible dejarla pasar.

(* ABIERTO HASTA EL AMANECER)

Me paso el tiempo en casa de SCOTT SPIEGEL, porque le encanta RESERVOIR DOGS e incluso quiere realizarla si yo no lo logro.

Spiegel me presenta a un tipo simpático una Nochebuena, Lawrence Bender. Trabaja como actor y quiere convertirse en productor.

Ya no me creo las trolas de los productores después de haber perdido tres años con AMOR A QUEMARROPA, con aquel falso abogado inglés.

Mientras tanto, Monte Hellman quiere producir la película. Hipotecará su casa para realizar RESERVOIR DOGS, para que veas lo mucho que le ha gustado, pero tiene que ser mi primera película, esto lo sé.

De hecho, a todo el mundo le encanta RESERVOIR DOGS, salvo a quienes teóricamente tienen que pagar para hacerlo, J

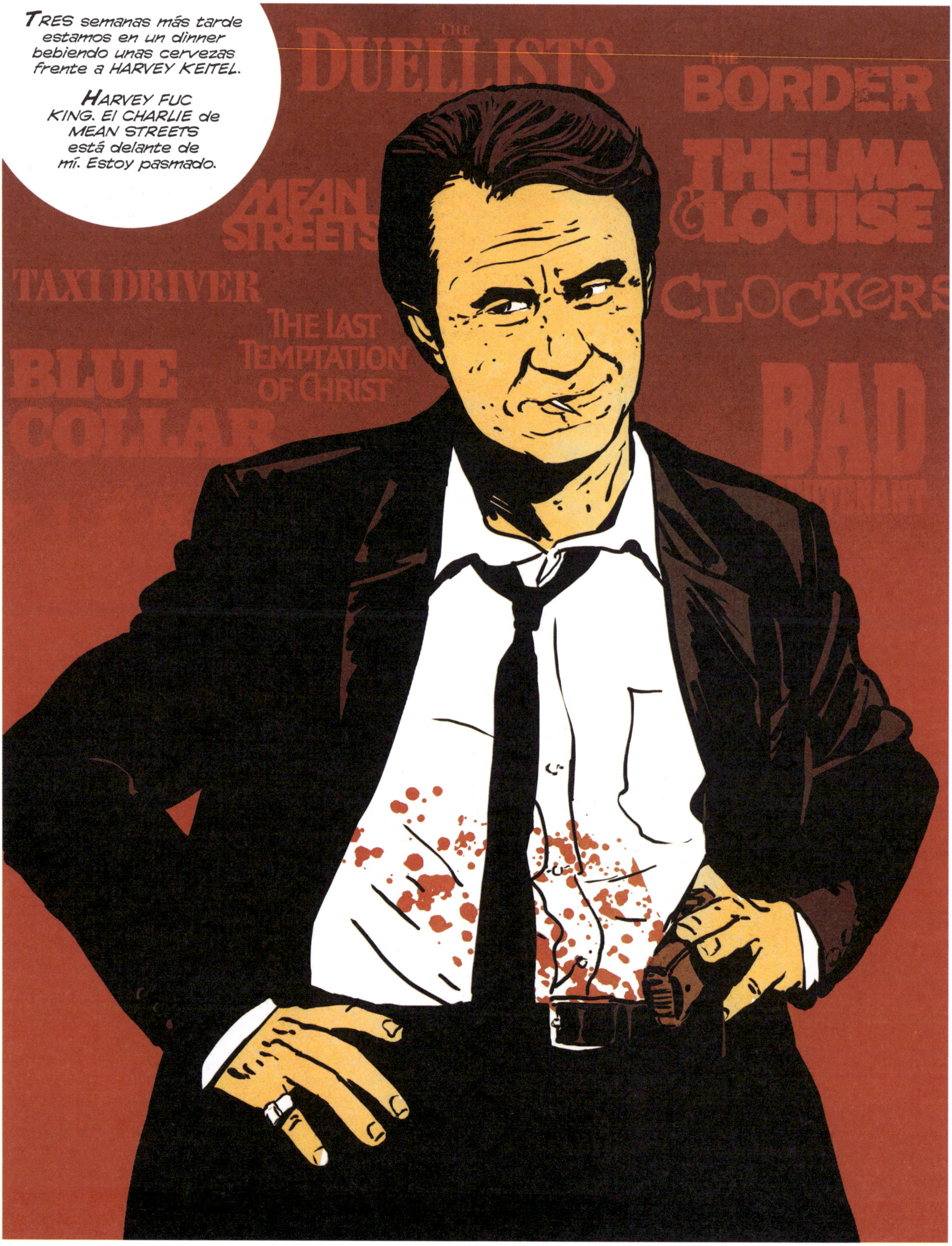
TRES semanas más tarde estamos en un dinner bebiendo unas cervezas frente a HARVEY KEITEL.
HARVEY FUC KING. El CHARLIE de MEAN STREETS está delante de mí. Estoy pasmado.
THE DUELLISTS
THE BORDER
THELMA & LOUISE
MEAN STREETS
TAXI DRIVER
CLOCKERS
THE LAST TEMPTATION OF CHRIST
BLUE COLLAR
BAD

Una vez que Harvey acepta participar en la peli, todo va muy deprisa. Firmamos un contrato y tenemos un presupuesto de 1,3 millones de $. Tenemos que comenzar el CASTING.

Con Lawrence estamos tan arruinados que comemos como ogros durante las reuniones de trabajo con Harvey. Propone que vayamos a NUEVA YORK a buscar actores.

Se da cuenta de que somos unos colgados y, cuando le digo que nunca he cogido un avión, aunque haya vivido junto al aeropuerto, propone pagar el viaje. Iremos en clase turista y él en primera clase, desde luego.

En Nueva York, Harvey nos invita al Russian Tea Room y, con la boca llena de caviar (otro estreno para mí), le proponemos que se convierta en coproductor.

¿Por qué quiere ayudarnos Harvey? Porque ama realmente el cine y en seguida ha reconocido mi talento. Para él, era injusto que esta peli no pudiera rodarse. Y se hizo de facto con el primer papel. MISTER WHITE.

Chapter Two

How many dicks is that?

« La normalidad es una carretera asfaltada: es confortable caminar por ella, pero en ella no crece ninguna flor.»

- VINCENT VAN GOGH -

El casting es formidable, esta vez estoy en el lado adecuado de la mesa. Dejo elegir a TIM ROTH: MISTER BLONDE o MISTER PINK (que yo quería encarnar). Me dice: MISTER ORANGE. Me sorprende que quiera encarnar al malo de la película.

Entrevistamos a STEVE BUSCEMI, que la caga en su CASTING, pero que es perfecto para el papel. Será nuestro MISTER PINK, es evidente.

HARVEY es MISTER WHITE, STEVE es MISTER PINK, ya no hay nada para mí. Pero ni hablar de dejar pasar esta oportunidad, no sé si habrá otra. Así que escribo un nuevo papel, justo para mí: MISTER BROWN. Robo a MISTER BROWN la perorata sobre MADONNA (dick, dick...). A cambio, le doy MI frase preferida, la que desde hace años provoca las risas a todos mis colegas cuando llega la cuenta en el restaurante: «I don't tip». (No creo en las propinas.)

Steve me ha dicho que le he complicado la vida con esto, ya que ahora, en el restaurante, tiene que recurrir a la tarjeta si no quiere parecer un tipo que desprecia a los trabajadores.

En la tele, JON STEWART me pregunta si he tenido que acostarme con alguien para tener el papel. Le digo que sí, que he pajeado al director durante 20 años. El público me adora.

En el rodaje estamos tan pobres que los actores tienen que venir con su traje negro. TIM ROTH ha venido con un tejano negro.

LAWRENCE TIERNEY (Joe Cabot/LA COSA), que ha actuado en DILINGER, es el viejo gánster de referencia que lidia con la nueva generación.

TIERNEY es imposible de manejar durante el rodaje. Olvida los diálogos y es agresivo con todo el mundo. Lo echo al cabo de tres días. Por la noche, dispara a través de la pared de su apartamento y tenemos que sacarlo de la cárcel, con el pretexto de que lo necesitamos para terminar la peli.

Era duro, pero en la pantalla es extraordinario.

TIM ROTH lo compara a LA COSA en los FANTASTIC FOUR (Los 4 fantásticos), y yo me meo de risa cada vez, porque es como si yo confesara en la pantalla que LA COSA (1982) de John Carpenter es una influencia básica de esta película.

EDWARD BUNKER, nuestro MISTER BLUE, nos dice que se peleó con TIERNEY en un parking en los años cincuenta.

Lawrence no se acuerda...

EDWARD BUNKER, célebre novelista, guionista y recluso, piensa que mis RESERVOIR DOGS son poco creíbles en tanto que gánsteres, pero que constituyen una peli realmente buena.

Además, Hollywood no cuenta más que tonterías, al menos las mías tienen la apariencia de la realidad. Me lo tomo como un cumplido.

Madsen tiene un par de botas de cowboy que terminarán en la tumba de PAULA SCHULTZ, en los pies de UMA THURMAN, cuando la entierren viva.

Uma también sacará de ellas una cuchilla, 12 años más tarde, como si MISTER BLONDE la hubiera dejado allí justo para ella.

MICHAEL MADSEN posee un auténtico CADILLAC COUPÉ DeVILLE, será el coche de MISTER BLONDE en la peli. Con él rodaremos el primer «TRUNK SHOT»* de una larga serie.

MICHAEL también nos prestará su coche para que CLIFF BOOTH conduzca a RICK DALTON en el L.A. de 1969. Una de mis secuencias favoritas.

(* Plano en el maletero del coche.)

RESERVOIR DOGS es seleccionada para un taller de dirección en SUNDANCE.
Nadie pilla lo que quiero hacer. O sea que la cosas va bastante mal, hasta que trabajo con TERRY GILLIAM, que comprende mi rollo y apoya el proyecto. Tengo un millón de preguntas para él y le planteo al menos la mitad.
TERRY, ¿CÓMO LOGRAS HACER PELÍCULAS TAN VISUALMENTE VANGUARDISTAS?
TU TRABAJO ES TENER UNA VISIÓN Y COMPARTIRLA. EN CUANTO AL RESTO, CONTRATAS A UN EQUIPO CON TALENTO Y YA ESTÁ.
¡EH! ESTO PUEDO HACERLO. SÉ LO QUE QUIERO Y SÉ HACERME ENTENDER.
PUES BIEN, PUEDES HACER CINE, SOBRE TODO SI SIGUES ESCRIBIENDO ASÍ.
TRABAJO CON EL GUION; NO ES QUE LE HAGA FALTA, PERO APRENDÍ LA IMPORTANCIA DEL SUBTEXTO EN UNA HISTORIA. DESCUBRO QUE MI PELÍCULA ES UN DOBLE CONFLICTO PADRE/HIJO.
JOE CABOT Y MISTER WHITE. MISTER WHITE Y MISTER ORANGE. ESTOY CONTENTO DE SABER QUE MI TRABAJO TIENE SUSTANCIA, PERO SOLO QUIERO HACER UNA PELI DE GÁNSTERES.
ME PASO EL TIEMPO CON STEVE BUSCEMI PREPARANDO MIS PLANES PARA LAS ESCENAS MÁS IMPORTANTES.

Es mi primera película, me falta experiencia y realmente no quiero abroncar a un técnico.

Cuando el laboratorio la caga en la exposición de una secuencia, soy más de ponerme triste. Sally me dice que es inadmisible, descuelga el teléfono y les pega un broncazo de narices. Quiere la secuencia correcta para el día siguiente.

Trabajamos tan estrechamente que después de cada escena rodada, los actores y yo mismo soltamos un pequeño "HELLO SALLY!"

Cuando tenemos que presentar mi MALDITOS BASTARDOS en Cannes, nos damos cuenta de que la película es demasiado larga. En dos días vamos a cortar 30 minutos. Y hablo de montaje sobre la cinta final. Una hazaña.

Nos dejó demasiado pronto. La echo de menos cada día.

Quiero absolutamente el tema...

STUCK IN THE MIDDLE WITH YOU

aunque en el resto de la película yo tenga que silbar las otras músicas, me da igual. Quiero ese tema.

STACY SHER (que será mi productora en PULP y en mis otras películas) sabe exactamente qué hacer.

Estamos tan emocionados que nos decimos que firmar un contrato discográfico para la BS pagará para los demás temas. Es exactamente lo que hacemos, y funcionará de muerte. Con este disco vamos a petarlo.

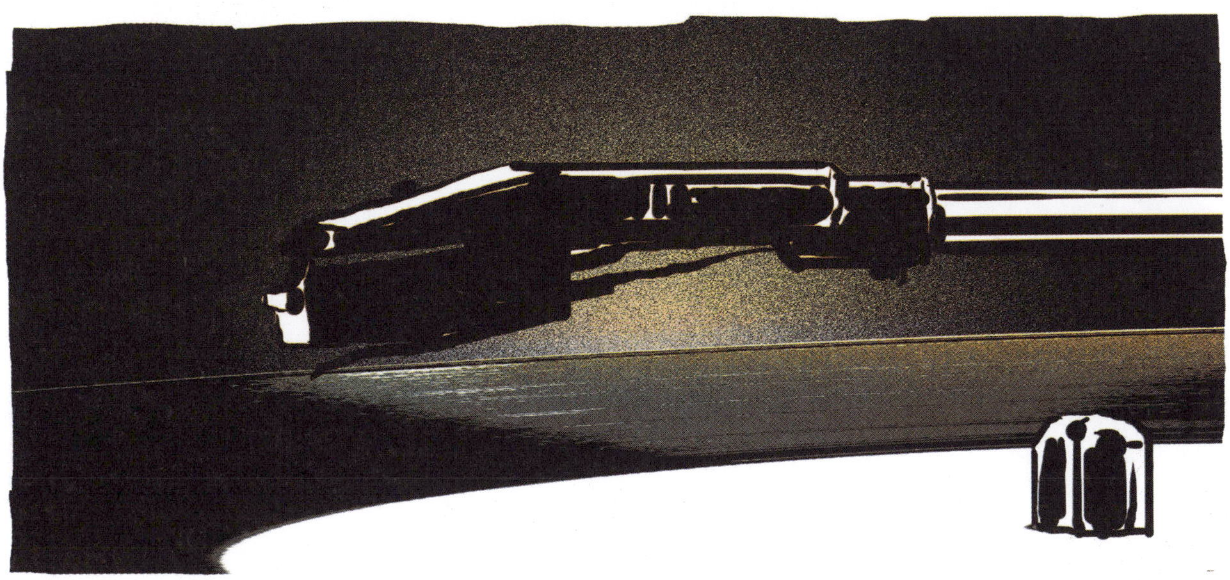

Una vez terminada RESERVOIR DOGS, se suceden las proyecciones de prueba y la recepción es formidable.

A raíz de una de ellas, Harvey Weinstein nos propone distribuir la película si corto una escena... me pregunto cuál.

Después de una proyección para los distribuidores,
MIRAMAX
quiere comprar la peli y Weinstein me dice:
QUENTIN, TU PELÍCULA ES INCREÍBLE...
(pausa estratégica)
...PERO SE TIENE QUE CORTAR LA ESCENA DE LA TORTURA.
No digo nada, dejo que termine su razonamiento.
TAL COMO ESTÁ, CON LA ESCENA DE LA TORTURA TE VAS A PONER EN CONTRA A TODAS LAS MUJERES.
Y SIN LAS CHAVALAS NO HAY MANERA DE TENER UN ÉXITO ENORME.
NO.
ES EL MOMENTO DE VERDAD DE LA PELÍCULA.
LOS QUE SE QUEDAN SABEN A QUÉ ATENERSE, Y SE QUEDAN EN CONOCIMIENTO DE CAUSA.
O PUEDE SER PEOR, O YA HAN VISTO LO PEOR DE TODO.
NO LO PUEDEN SABER, PERO CONFÍAN EN MÍ.
Esta escena es la que me ha hecho. Y es bien normal, es una de las mejores que escribí en aquella época.
Weinstein está acostumbrado a ganar en este tipo de discusiones.
Y no es la respuesta que suele oír.
MI PELÍCULA ES HONESTA. LO SABEN, Y POR ESTE MOTIVO FUNCIONA.
(pausa estratégica)
(1, 2, 3, 4...)
OK, OK. LA ESCENA SE QUEDA EN LA PELÍCULA.

PERO QUIERO QUE RECUERDES QUE...
ES MIRAMAX LA QUE LA HA DEJADO EN LA PELÍCULA.
Weinstein es así. Todo gira en torno a él.
¿Y sabes qué? Él tenía razón.
En un festival vi que era exactamente el momento en que la gente se iba de la sala... a veces en grupos de diez.
Muchas personas del público están seguros de haber visto cómo el filo corta la oreja.
Y no, esto es el cine.
Tensión + Montaje + Sonido = Emoción.
ME NIEGO A CORTAR MI ESCENA MAESTRA.
WEINSTEIN compra igualmente la película y dice que me vigilará de cerca.
RESERVOIR DOGS FUNCIONA REALMENTE BIEN.
EN FRANCIA Y EN EL REINO UNIDO ES UN ÉXITO.
ME PASO EL AÑO MOSTRANDO LA PELÍCULA EN TODOS LOS FESTIVALES DEL MUNDO.
Nos invitan a Cannes. Llegamos como desconocidos.
Después de la proyección, mi nombre está en boca de todos.
En mi bolsa, un puñado de rotuladores negros y rojos y un cuaderno donde figura en primera página el título...
"PULP FICTION".

PULP FICTION nació como una antología con tres sketches. Tenía la parte con VIC VEGA y MIA WALLACE, y propuse a TONY SCOTT que realizara una.
Me paso el tiempo ligando las tres historias, y cuando veo cómo hacerlo, digo a TONY que es mi próxima película y que tengo que hacerla solo.
YA NADIE CONSIDERA PULP FICTION COMO UNA PELÍCULA DE SKETCHES, PORQUE NADIE HABÍA LOGRADO LIGAR TRES HISTORIAS SEPARADAS ASÍ.
ME HE INSPIRADO EN LA IDEA DE MARIO BAVA EN BLACK SABBATH* CON SUS TRES HISTORIAS DE TERROR Y APOSTÉ A FONDO POR EL CONCEPTO.
DANNY DeVITO Y SU PRODUCTORA ME DIERON 1 MILLÓN DE DÓLARES PARA ESCRIBIRLA Y ME LO CURRO MUY EN SERIO.
(*LAS TRES CARAS DEL MIEDO - 1963)
Le he cogido gusto a los viajes y decido instalarme en AMSTERDAM para terminar PULP FICTION. Vivo encima de un vídeo club.
Todo el mundo se cachondea cuando digo que me voy a Amsterdam a currar.

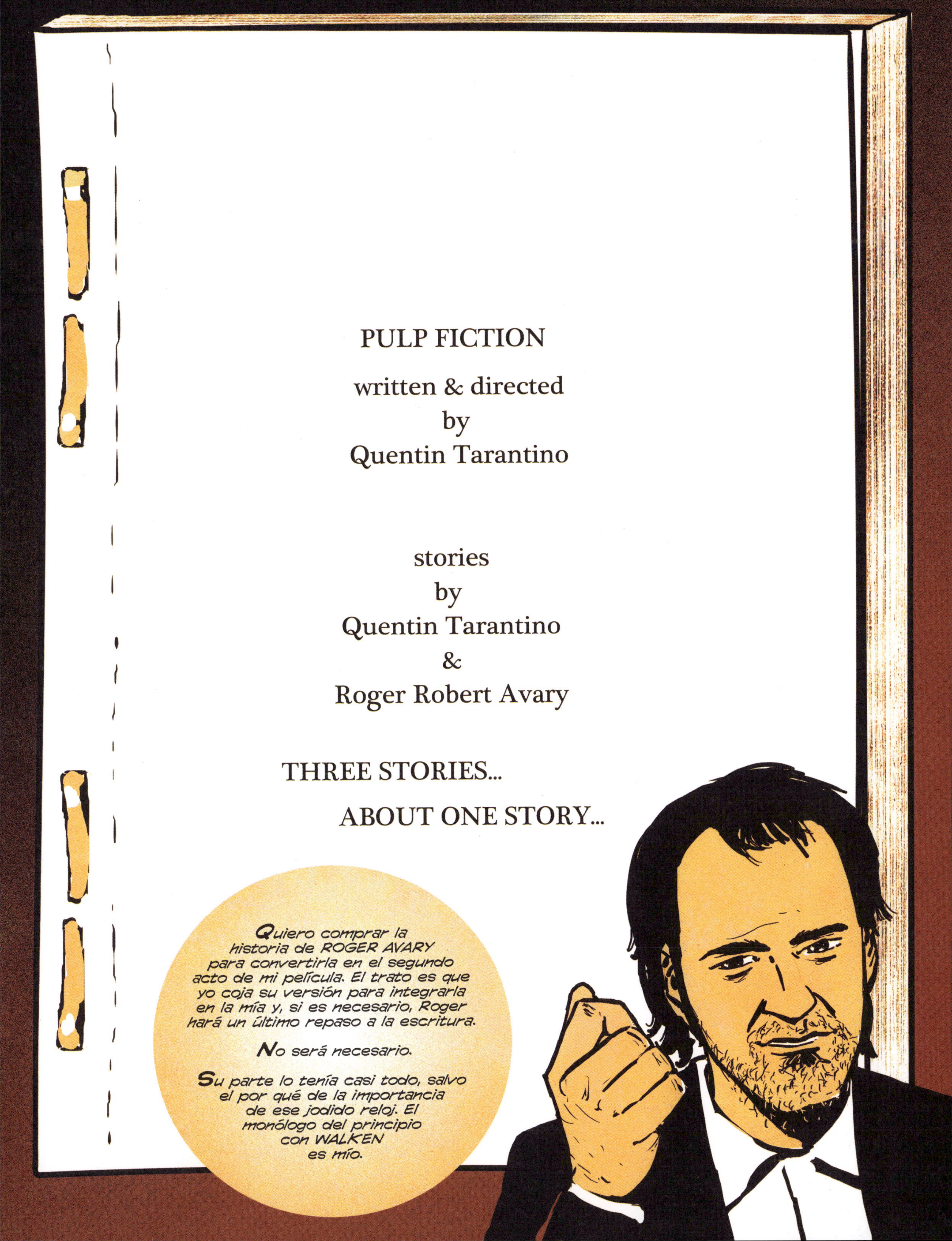
PULP FICTION
written & directed
by
Quentin Tarantino
stories
by
Quentin Tarantino
&
Roger Robert Avary
THREE STORIES...
ABOUT ONE STORY...
Quiero comprar la historia de ROGER AVARY para convertirla en el segundo acto de mi película. El trato es que yo coja su versión para integrarla en la mía y, si es necesario, Roger hará un último repaso a la escritura.
No será necesario.
Su parte lo tenía casi todo, salvo el por qué de la importancia de ese jodido reloj. El monólogo del principio con WALKEN es mío.

SAMUEL L. JACKSON
BIG SCORE!
DE VUELTA DE AMSTERDAM, EL SCRIPT DE PULP FICTION ESTÁ TERMINADO AL FIN. WEINSTEIN ESTÁ EN LAS NUBES. BRUCE WILLIS Y UMA THURMAN TAMBIÉN ESTARÁN EN LA PELI. ORGANIZO UNA AUDICIÓN Y PIDO A SAMUEL L. JACKSON QUE RELEA VARIAS VECES EL PAPEL DE JULES. SE IMPACIENTA.
PERO ES PARA ÉL. LO SÉ. DICE MIS PALABRAS COMO NADIE. VA A BUSCAR LA POESÍA OCULTA QUE TIENEN. CANTA MIS PALABRAS. ES DE UNA INTELIGENCIA RARA. VIENE DEL TEATRO Y TIENE UN RESPETO TOTAL POR EL TEXTO, QUE CONOCE DE PE A PA.
LO PEOR Y LO MEJOR QUE LE PUEDE PASAR A UN ACTOR ES ACTUAR FRENTE A SAM. LO MEJOR ES QUE TE ARRASTRE SU ENERGÍA.
LO PEOR, ES ACTUAR FRENTE A SAM SIN SABERTE EL TEXTO. TE HUNDE. Y CUANTO MÁS CONOCIDO ES, MÁS LO DERRUMBA. LUEGO, LOS ACTORES CONOCEN SUS LÍNEAS, SAM CONOCE SUS LÍNEAS PERO TAMBIÉN CONOCE LAS DE LOS OTROS.

DOES HE LOOK LIKE A BITCH?!
(¿¡Acaso parece una fulana!?)
what...?
(¿Qué...?)
YO ME HACÍA DE ROGAR PORQUE WEINSTEIN QUERÍA QUE COGIÉRAMOS A LAURENCE FISHBURNE PARA EL PAPEL DE JULES. PERO YO LO HABÍA ESCRITO PENSANDO EN SAM. SI QUIERO COLAR A JOHN TRAVOLTA, TENGO QUE CEDER ALGO DE VEZ EN CUANDO PARA HACERLE CREER QUE TODAVÍA CONTROLA ALGO. LOS TIPOS QUE VAN CON FISHBURNE NOS MIRAN CON SUFICIENCIA. NOS TIENEN EN ASCUAS. PRETENDEN EL PAPEL DE LA JUNGLA DE CRISTAL 3.
ESTOY HARTO DE ESPERAR, CONTRATO A SAM. LES VA A FLIPAR TANTO EN PULP FICTION QUE LOS PRODUCTORES DE LA JUNGLA DE CRISTAL 3 DARÁN EL PAPEL DE ZEUS A SAM. FISHBURNE CAMBIARÁ DE EQUIPO Y MATRIX RELANZARÁ SU CARRERA SIETE AÑOS MÁS TARDE.
SAM SERÁ MAGICO EN LA ESCENA DEL BURGER. JUEGA CON LOS ACTORES Y CON EL ESPECTADOR, HASTA TAL PUNTO QUE ESTOY ALUCINANDO DESPUÉS DE FILMAR ESTA SECUENCIA. SÉ QUE TENEMOS UNA PELI BESTIAL. ASÍ QUE INTENTO MÁS COSAS EN LA PUESTA EN ESCENA.

Me guardo un papel
para mí, el de LANCE,
el camello.

Así podré actuar con
JOHN y UMA. Un sueño.

Pero sé que tengo que
estar tras la cámara para
la escena de la inyección
de MIA.

Es la escena clave de la
película.

Habría podido encarnar al
barman en el club de
MARSELLUS, cuando pensé
en PAUL CALDERON para
el papel de Jules, antes de
que SAMUEL se convirtiera
en una evidencia.

Entonces le ofrecí el papel
de barman. Y prometo que le
daré uno más largo cuando
pueda. Cosa que haré
en FOUR ROOMS.

Y decido encarnar
a JIMMIE, el marido
de BONNIE. Quería
actuar junto a Harvey.

Para mí, Harvey es
WINSTON WOLF en
persona. En todo caso,
así es como lo vi en
RESERVOIR DOGS, donde
arregló nuestros problemas
desde el momento en que
formó parte del equipo.

Así que estoy en la
pantalla frente a SAM,
JOHN y HARVEY. Mi colega
ROBERT RODRIGUEZ lo
filmará, sin pedir aparecer
en los créditos. Qué clase.

Lo divertido es que encarno
a JIMMY DEMMICK, un
miembro de la familia de
MISTER WHITE
(LARRY DEMMICK).

Se nota que es un tipo
corriente, pero también
que ya ha visto cadáveres
y que es capaz de responder
directamente a un tipo
como JULES. Contrariamente
a los mequetrefes que han
robado la «maleta» a
MARSELLUS.

UC SANTA CRUZ
BANANA SLUGS

Tengo que entablar mi batalla más dura para la película... imponer a JOHN TRAVOLTA. Para todo el mundo, forma parte del pasado, es un tipo que hace películas de bebés que hablan.

Salvo que esos tipos que dicen que trabajan en el cine, codeándose con las mayores estrellas y enviándolas a la mierda, no pillan lo que significa tener fans fieles.

Cuando andas por la calle con JOHN TRAVOLTA, todo el mundo se gira, quieren que le firme autógrafos, citan GREASE o SATURDAY NIGHT FEVER.*

(* FIEBRE DEL SÁBADO NOCHE – 1977)

El público lo adora. Yo lo adoro. Y se lo digo.

Quiero que tenga la carrera que merece. Es desconfiado, piensa que queremos burlarnos de él.

Le saco toda su filmografía y le describo las escenas de la película en el dinner mientras tomamos un café.

Soy un fan, coleccionista de juegos de sociedad basados en películas o en series. Jugamos juntos al juego de GREASE.

John se da cuenta de que me importa de verdad. Le digo que estaba fabuloso en BLOW UP. Pensé que iba a ponerse a llorar.

WEINSTEIN y su hermano están contra la idea y me presentan esa jodida lista de actores estrella.

Les digo que si HARVEY WEINSTEIN (siempre se habla a Harvey de lo creativo y a BOB de pasta) se niega a contratar a TRAVOLTA...

Cree que voy de farol.

Pero rápidamente capta que no voy de farol.

Me propone más dinero. Pero no me interesa, ya tengo un súper contrato con una cláusula especial por la que me corresponde el 40 % de las ventas de VHS. (Lo llamo mi cláusula LUCAS, quien había pedido el máximo de % sobre los productos derivados.)

Yo conozco el mundo del vídeo, sé que mi película será perfecta para esto.

HARVEY mira a su hermano, sudando. BOB hace una mueca de desaprobación. HARVEY cede.

Desde luego, cuando los críticos aplaudan la actuación de TRAVOLTA, éste se apropiará del mérito y yo le dejaré hacer.

Cuando John rueda la escena de baile con MIA, está a tope de alegría.

Sabe que sus fans gritarán de placer cuando lo vean bailar.

Lo he visto con mis propios ojos. Pedro Almodóvar sentado junto a mí, que se levanta cogiendo el brazo de Antonio Banderas, diciendo: «¡Va a bailar, Travolta va a bailar! ¡Quentin, has hecho bailar a Travolta, es la mejor peli del mundo!».

Explico a John que quiero movimientos como los de ADAM WEST en BATMAN. En cuanto a UMA, quiero que baile como ZSA ZSA GABOR en LOS ARISTOGATOS.

Y todo está fuertemente inspirado en la escena de 8 ½ de FELLINI.

Estoy tan feliz que debería ser ilegal, pienso. Si el público siente una cuarta parte de esto, será un éxito.

PULP FICTION COMIENZA CON UNA ESCENA EN UN DINNER, DONDE HONEY BUNNY Y PUMKIN QUIEREN HACER UN ATRACO.
EN "EL LISTÍN", ERAN CLARENCE Y ALABAMA QUIENES QUERÍAN ROBAR EN EL RESTAURANTE DESPUÉS DE HABER PERDIDO EL DINERO DE LA DROGA.
SI LA PRODUCCIÓN DE AMOR A QUEMARROPA HUBIERA COMENZADO ANTES, YO HABRÍA PODIDO UTILIZAR A CLARENCE Y ALABAMA Y VINCULAR AMBAS PELÍCULAS EN UN UNIVERSO-TARANTINO, COMO LO HARÍA CON TODAS MIS PELÍCULAS.
VIC VEGA TENÍA QUE RETOMAR EL PAPEL, PERO MICHAEL MADSEN ME ROMPIÓ EL CORAZÓN NEGÁNDOSE A ACTUAR EN PULP FICTION PARA HACER WYATT EARP CON KEVIN COSTNER.
BIG KAHUNA BURGER
ENTONCES VOY A CREAR EL PERSONAJE DE VINCENT VEGA, EL HERMANO DE VIC, QUE ESTABA EN AMSTERDAM CUANDO SU HERMANO ATRACÓ UNA JOYERÍA CON UN EQUIPO DE PERROS...
ESTA IDEA ME GUSTÓ TANTO QUE COMENCÉ A ESCRIBIR UNA PELÍCULA PARA LOS DOS HERMANOS: DOUBLE VEGA. PERO FUE IMPOSIBLE ENCONTRAR UN MOMENTO EN QUE COINCIDIERAN LOS DOS ACTORES.
MICHAEL TIENE QUE ALIMENTAR A UNA FAMILIA, MIENTRAS TRABAJA A TOPE. TRAVOLTA HA DADO UN TAL IMPULSO A SU CARRERA QUE AHORA NO LO PUEDES PILLAR.
OTRA PELI QUE TERMINARÁ EN EL PARAÍSO DE LOS FILMES PERDIDOS... UN LUGAR MÁGICO EN EL QUE LAS IDEAS SON FÉRTILES Y LAS EXCUSAS NUMEROSAS.
SIGO EXCITADO COMO UNA PULGA EN EL RODAJE, LUEGO VIENE EL DÍA EN QUE FILMAMOS LA ESCENA DE LA PERORATA DE JULES: EZEQUIEL 25,17.
BIG KAHUNA BURGER

Grito de placer a la que tengo que pronunciar ¡CORTEN! Todas las tomas son buenas. SAM ha nacido para recitar mis diálogos. Todo el equipo aplaude. Es formidable..
TRAVOLTA sabe quedarse en segundo plano, sabe que le he ofrecido la escena de la maleta. Sabe que hará funcionar aquella secuencia a la perfección.
Todo el mundo, durante años, me ha preguntado qué había en la maleta.
En todos los países, en las lenguas. Escucho pacientemente a que me den una explicación, y sonrío.
Pero te diré lo que había realmente en la maleta...

VINCENT...?
VINCENT, WE COOL?
YES, WE COOL.

UMA

AFTER ROBERT STEWART SHERRIFFS
UMA en sánscrito significa: «Diosa del esplendor y de la luz». Sí, sus padres acertaron.
A UMA THURMAN le daba mucho miedo la violencia, la droga presente en la pantalla, le temía una glorificación de esta práctica.
La tranquilizo diciéndole que si la gente quiere terminar la velada dejándose apuñalar por una inmensa inyección de adrenalina en el pecho, nosotros no podemos hacer nada por ellos.
Es como quienes quieren convertirse en camellos de COCA después de haber visto SCARFACE.
Tío, ¡no hemos visto la misma peli!

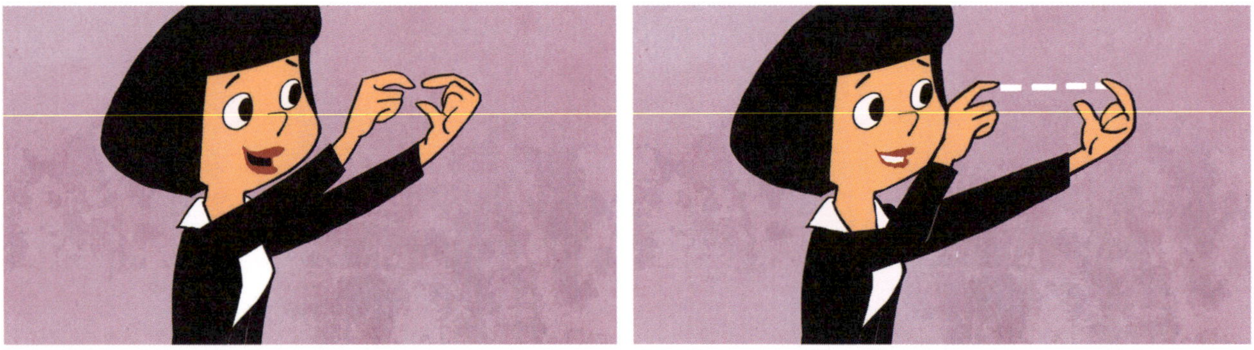

Cuento a UMA que la secuencia en la que filmo a VINCE preparándose un tiro de heroína en primer plano será el contrapunto perfecto para el pinchazo de adrenalina más tarde.

Esta secuencia me la inspiró una película sueca que vi en AMSTERDAM, titulada THRILLER-A CRUEL PICTURE*, con la magnífica CHRISTINA LINDBERG.

Creo que es uno de los RAPE AND REVENGE más violentos jamás rodados.

UMA se niega a verla, pero esto nos inspira una idea de película.

Pasamos mucho tiempo hablando de ello. De momento, se llama THE BRIDE y prometemos rodarla juntos un día.

(* Thriller — Una película cruel - 1973.)

PICASSO decía:
«NO HAGO HOMENAJES, ROBO DIRECTAMENTE Y LO HAGO AÚN MEJOR. SI ME PILLAN, SE CONVIERTE EN UN HOMENAJE, EN EFECTO.»
Añadiré la famosa cita de OMAR LITTLE en THE WIRE:
"WHEN YOU COME AT THE KING, YOU BEST NOT MISS."
(Si intentas cargarte al rey, más te vale no fallar.)
HOW WAS YOUR NIGHT ?
(¿QUÉ TAL LA VELADA?)
HOW WAS YOUR DAY ?
(¿QUÉ TAL EL DÍA?)

PULP FICTION GANA EL OSCAR AL MEJOR GUION ORIGINAL, LA NOCHE EN QUE QUENTIN CUMPLE 32 AÑOS
EL TÍTULO MY BEST FRIEND'S BIRTHDAY (EL CUMPLEAÑOS DE MI MEJOR AMIGO) ERA PROFÉTICO EN UN SENTIDO.
HACE APENAS 3 AÑOS, NINGUNO DE NOSOTROS HABRÍA DADO UN CENTAVO A MÍ O A Q.
Y AHORA, LO ADORAMOS, Y CON UN POCO DE SUERTE, LOS PERIODISTAS ESCRIBEN MAL MI NOMBRE... CUANDO SE ACUERDAN.
Q PENSABA QUE ME HABÍA ENFADADO UN POCO. PERO NO ES TAN SENCILLO.
ME AYUDA A MONTAR KILLING ZOE PRODUCIENDO LA PELÍCULA...
... Y LUEGO NUESTROS CAMINOS SE SEPARAN.

Gano la PALMA DE ORO del Festival internacional de Cannes.
Cuando HARRY EL SUCIO me la da, estoy en una nube.
Un gracioso grita protestando. Le respondo de la manera más digna... cuando alguien quiere apagar tus velas de cumpleaños con un pedo.
La sala se parte de risa. Me aman. Al fin.
F YOU.
Me he convertido en la atracción de Hollywood.
Me he convertido en un adjetivo. Un argumento de venta.
Todas las películas que ni siquiera podía hacer leer a los estudiantes en prácticas, ahora son los productores los que se pelean para tenerlas.
¡AQUÍ TENÉIS! MAKE MY DAY, PUNKS.

Chapter Three

You're so cool

«Me han acusado de
vulgaridad. Dejad que os
diga que esto son chorradas.»
- MEL BROOKS -

El éxito de RESERVOIR DOGS me permitirá financiar AMOR A QUEMARROPA, en serio.

Había escrito AMOR A QUEMARROPA para mí. Para hacer mi primera peli e interpretar a CLARENCE.

No habría tenido ningún problema. CLARENCE soy yo. Si hubiera tenido colegas con suficiente pasta para pagarme una call girl súper guay por mi cumple.

No habría tenido que pedirles dinero para financiar MY BEST FRIEND'S BIRTHDAY... habría podido suceder.

TONY SCOTT transforma mi script solo dos veces, pero le pega duro.

Explica la historia en orden cronológico. Para esta peli, el objetivo era comenzar por la escena en que CLARENCE va a pelearse con DREXL, y se llevará consigo lo que cree que son las cosas de ALABAMA, pero que en realidad es una maleta llena de COCA.

Van a ver al padre de CLARENCE (DENNIS HOPPER). Y huyen. Don COCOTTI (WALKEN) mantiene una discusión bastante dura con el padre de CLARENCE. (Es la mejor escena que había escrito en aquella época.)

Luego nos enteramos de cómo se conocieron CLARENCE y ALABAMA.

En este momento, el espectador no sabe nada sobre los personajes y descubre toda la complejidad de la historia, que se revela poco a poco.

Luego viene el arresto hilarante del ayudante del productor y su trato con el FBI.

De repente, el espectador sabe mucho más, mucho más que los personajes, y la tensión está al límite. Por este motivo mi versión es infinitamente mejor.

- Acto uno
No sabemos nada de ellos.
- Acto dos
Sabemos tanto como ellos.
- Acte tres
Sabemos más antes del final.

Me inspiré en una de mis películas preferidas, LADY SNOWBLOOD. Tiene una estructura casi idéntica, aunque bastante más sencilla.

Tengo la posibilidad de cabrearme con TONY para reordenar mi historia (sin garantías de lograrlo), o bien dejarlo estar. Pero uno no puede cabrearse con TONY, es demasiado simpático.

A pesar de los cambios de TONY SCOTT, estoy muy orgulloso de la película. Un crítico dirá de AMOR A QUEMARROPA: «Es como cocaína con aroma de chicle».

La crítica perfecta.

Robert Rodriguez estrena EL MARIACHI el mismo año que RESERVOIR DOGS. Nos pasamos el rato juntos en los festivales, animando debates sobre «LA VIOLENCIA EN EL CINE DE LOS AÑOS NOVENTA». Total estamos en 1992, pero para ellos ya hemos causado estragos. Estamos con el tío de OCURRIÓ CERCA DE SU CASA y con el de ROMPER STOMPER.

Una noche, en el cine MARQUIS de Austin, Texas, se programaron nuestras tres películas al mismo tiempo. EL MARIACHI, RESERVOIR DOGS y OCURRIÓ CERCA DE SU CASA. Robert hizo la foto, sigue pegada en mi nevera.

CUANDO TRABAJABA COMO COBAYA, PROBABA UN MEDICAMENTO PARA CICATRIZAR DE PRISA.
AQUELLOS CHIFLADOS INTENTABAN CREAR SU PROPIA WOLVERINE.
NO ES COMPLICADO, TE TIENES QUE DEJAR CORTAR EL PELLEJO, TOMAR EL MEDICAMENTO Y ESPERAR A VER SI FUNCIONA.
TODAVÍA TENGO LAS CICATRICES, UN MOGOLLÓN.
LOGRÓ HACER TRABAJAR A TODO EL MUNDO GRATIS. SALVO A LA CHICA QUE HACÍA DE FLORERO EN BIKINI AL LADO DEL GRAN JEFE. RESULTADO, TODO EL MUNDO VOLVIÓ A TRABAJAR PARA ROBERT, SALVO ELLA.
ASÍ QUE, CUANDO NECESITÓ UNA CHAVALA DE DIEZ PARA DESPERADO, FUE A BUSCAR A SALMA HAYEK.

FOUR ROOMS

Con estas pelis independientes llega una nueva generación de directores que babean de envidia sobre el NUEVO HOLLYWOOD de LUCAS, SCORSESE, DE PALMA, SPIELBERG y COPPOLA.

Tras la muerte de BRANDON LEE (el hijo de BRUCE LEE), BOB WEINSTEIN vuelve a comprar THE CROW y lo termina. Le reportará casi 12 millones en una semana. DIMENSION FILMS ha sido rentable desde el principio y ha engrosado el talonario.

El otro WEINSTEIN tenía un especial interés para que yo fuera feliz con él, y sobre todo que no pensara en ir a tocar a otra parte.

Al precio de decir «¡Sí!» a mis menores caprichos. Quién sabe, quizás caería algún dinerillo de paso.

Así nació FOUR ROOMS.

Nuestra nueva generación de autores indies siempre vamos juntos de fiesta en los festivales. Es normal que decidamos hacer una peli juntos. Juntos, pero bajo mi nombre, claro.

Y lo que tenía que llegar, llegó. Cuando trabajamos con amigos, nadie comprende las realidades del negocio.

A todos nos gusta creernos iguales entre colegas, pero el capitalismo no funciona así. Ni Hollywood tampoco.

Muy pronto, Allison Anders y Alexandre Rockwell se han preguntado por qué Quentin tenía un estudio tan grande.

Por qué el corto de Quentin era tan largo.

ROBERT era mucho más espabilado. Rodó su corto para convertirse en un director a quien se contrata.

La película solo sirvió para revelar algo: el inmenso talento cómico de TIM ROTH.

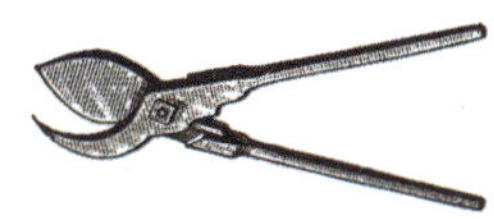

Weinstein merece su apodo de HARVEY SCISSORHANDS*, que cortaba a saco las películas que había producido, sin el acuerdo de los realizadores (incluso los que pensaban que tenían la última palabra).

Cuando has cortado a Bernardo Bertolucci, los autores indies te la sudan.

Así que cortará 30 minutos de FOUR ROOMS. Principalmente en los cortos de Allison y Alexandre.

Y el resultado fue bastante mal recibido por crítica y público.

Pero ROBERT RODRIGUEZ supo aprovechar la ocasión y DESPERADO también causó su efecto.

Es el candidato perfecto para ABIERTO HASTA EL AMANECER.

(* HARVEY MANOSTIJERAS, como en la película de TIM BURTON / HARVEY CON MANOS QUE CORTAN.)

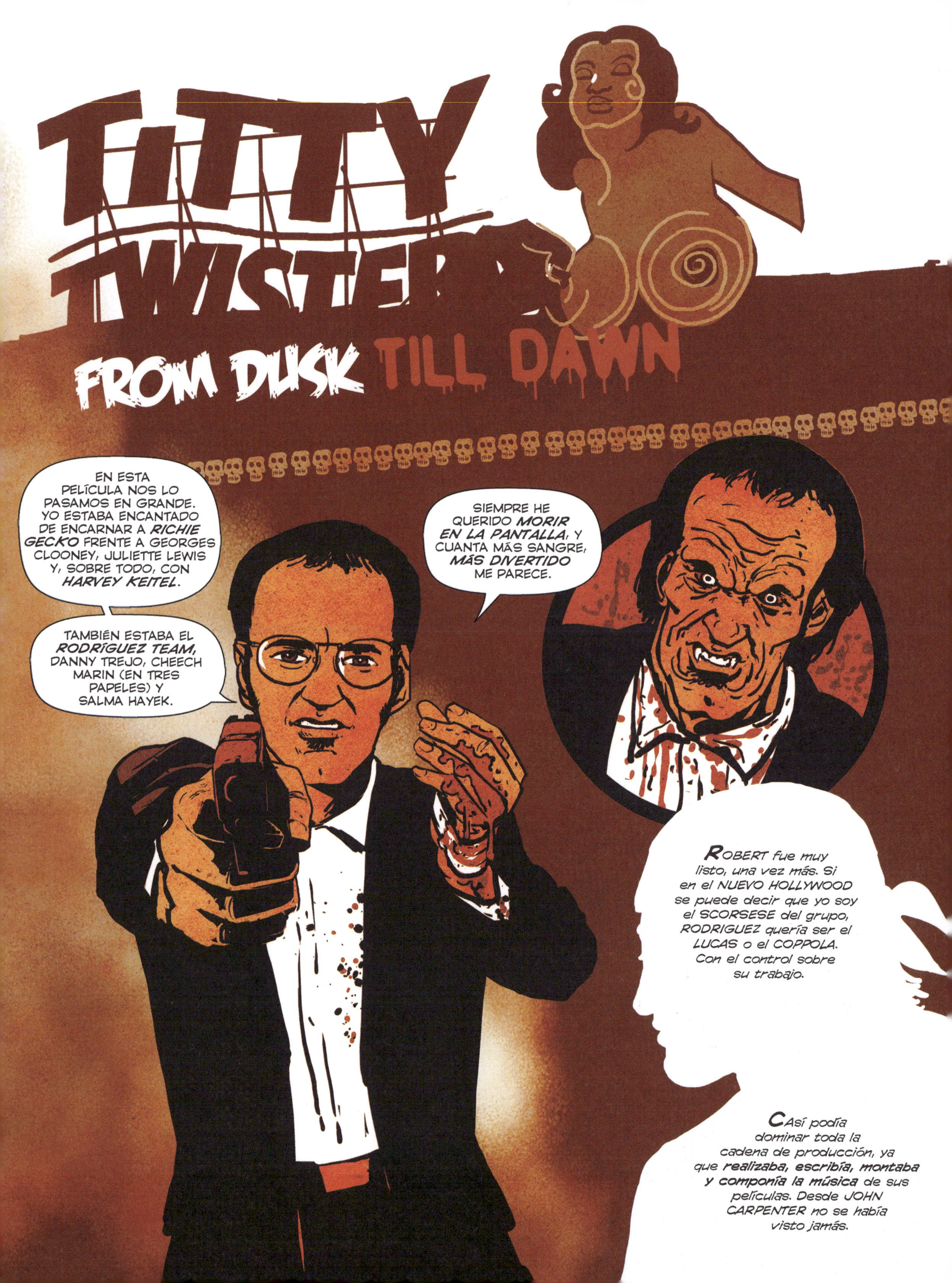
TITTY TWISTER
FROM DUSK TILL DAWN
EN ESTA PELÍCULA NOS LO PASAMOS EN GRANDE. YO ESTABA ENCANTADO DE ENCARNAR A RICHIE GECKO FRENTE A GEORGES CLOONEY, JULIETTE LEWIS Y, SOBRE TODO, CON HARVEY KEITEL.
TAMBIÉN ESTABA EL RODRÍGUEZ TEAM, DANNY TREJO, CHEECH MARIN (EN TRES PAPELES) Y SALMA HAYEK.
SIEMPRE HE QUERIDO MORIR EN LA PANTALLA, Y CUANTA MÁS SANGRE, MÁS DIVERTIDO ME PARECE.
ROBERT fue muy listo, una vez más. Si en el NUEVO HOLLYWOOD se puede decir que yo soy el SCORSESE del grupo, RODRIGUEZ quería ser el LUCAS o el COPPOLA. Con el control sobre su trabajo.
CASí podía dominar toda la cadena de producción, ya que realizaba, escribía, montaba y componía la música de sus películas. Desde JOHN CARPENTER no se había visto jamás.

Abierto hasta el amanecer *era perfecta para los fans de SERIE B, ya que también podíamos hacer referencia a las pelis que nos habían gustado con Robert e incluso contratar a nuestros ídolos.*

* TCU – **TARANTINO CINEMATIC UNIVERSE.** Tienes las PELÍCULAS de QT (en el mundo real) y las PELÍCULAS/PELÍCULAS (las que mis personajes pueden ir a ver en el cine).

PELÍCULAS QT -> RESERVOIR DOGS, PULP FICTION, AMOR A QUEMARROPA, LOS ODIOSOS OCHO, Y ÉRASE UNA VEZ EN... HOLLYWOOD.
PELÍCULAS/PELÍCULAS -> ABIERTO HASTA EL AMANECER, KILL BILL, DEATH PROOF, DJANGO DESENCADENADO, MALDITOS BASTARDOS.
PELÍCULAS/PELÍCULAS (en el universo de **ELMORE LEONARD**) -> JACKIE BROWN.

Juliette Lewis había leído AMOR A QUEMARROPA, pero ya había dicho que sí para actuar con su novio, BRAD PITT, en KALIFORNIA.

Brad tuvo un pequeño papel con nosotros y ella vio lo que se había perdido.

- ¿A DÓNDE NOS LLEVAN? - A MÉXICO.

Así que dijo que sí a ASESINOS NATOS y a ABIERTO HASTA EL AMANECER.

- ¿QUÉ HAY EN MÉXICO?

Estaba diez veces cualificada para una peliculilla de terror como la nuestra.

Escribí nuevas escenas solo para ella.

La queríamos absolutamente.

- MEXICANOS.

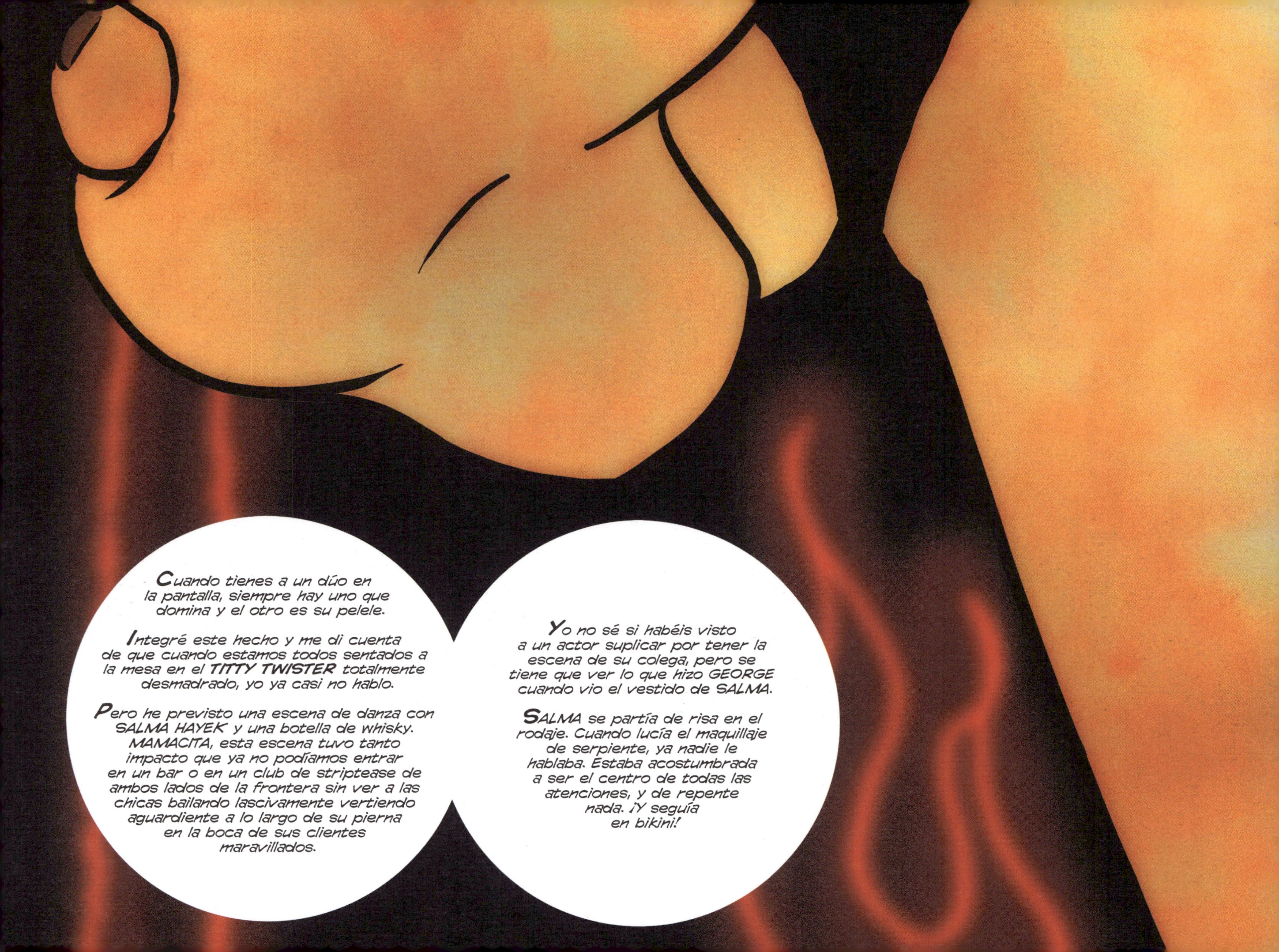

Cuando tienes a un dúo en la pantalla, siempre hay uno que domina y el otro es su pelele.

Integré este hecho y me di cuenta de que cuando estamos todos sentados a la mesa en el **TITTY TWISTER** totalmente desmadrado, yo ya casi no hablo.

Pero he previsto una escena de danza con SALMA HAYEK y una botella de whisky. MAMACITA, esta escena tuvo tanto impacto que ya no podíamos entrar en un bar o en un club de striptease de ambos lados de la frontera sin ver a las chicas bailando lascivamente vertiendo aguardiente a lo largo de su pierna en la boca de sus clientes maravillados.

Yo no sé si habéis visto a un actor suplicar por tener la escena de su colega, pero se tiene que ver lo que hizo GEORGE cuando vio el vestido de SALMA.

SALMA se partía de risa en el rodaje. Cuando lucía el maquillaje de serpiente, ya nadie le hablaba. Estaba acostumbrada a ser el centro de todas las atenciones, y de repente nada. ¡Y seguía en bikini!

(* Sin problemas para Robert, trabaja para STAR WARS.)
(** URGENCIAS.)

(* Todo el mundo cool. Tú, mantente cool.)

SAM PECKINPAH dirigió THE GETAWAY* con STEVE McQUEEN y ALI McGRAW. La película es casi perfecta.
La única sombra, se olvidaron del último capítulo. EL REY es el lugar en el que DOC y su novia tienen que ir a ocultarse al final, o casi.

WALTER HILL, el guionista, dijo que quienes no apreciaban el final del libro eran sobre todo los productores.

A PECKINPAH se la sudaba. Bastante se cabreaba ya con McQUEEN, que cada vez reclamaba más primeros planos.

(* LA HUIDA - 1972.)

Un día, mientras el equipo miraba los planos iniciales, PECKINPAH se levantó y se fue a mear a la pantalla, durante uno de los primeros planos de Steve. Durante todo el rodaje visionaron los planos con la mancha de meado en la pantalla.

EL REY* es un lugar que se mantiene en secreto, que no aparece en ningún mapa, y tienes que pagar la admisión entregando el 30% de tu botín. Es un viaje solo de ida. Imposible salir, ya que los hombres de EL REY (el jefe, no la región) están por todas partes y, como en ALCATRAZ, la naturaleza impide toda evasión.

El problema es que te hallas en el paraíso de los ladrones, pero pronto se convierte en el infierno. Porque todo es caro, y la población se compone del mayor amasijo de hijos de puta por metro cuadrado.

(* El rey también es el nombre del personaje principal de PLANET TERROR.)

Cuando no tienes ni un centavo, tienes que matar a gente para EL REY (el jefe, no la región), o currar en el matadero... y ahí descubres de dónde viene la carne que se zampa EL REY. Ufff...

Este súbito cambio de tono en la historia, que de pronto es de terror, siempre me ha inspirado mucho. Es lo que hice para ABIERTO HASTA EL AMANECER, que es una novela negra atrapada dentro de una historia de vampiros. Cuando Robert creó su propia cadena de cable, la llamó: EL REY NETWORK. Todo está conectado.

PAM GRIER

SOLO CON DECIR SU NOMBRE, ME INVADEN LAS EMOCIONES.
TENGO CENTENARES DE IMÁGENES DE PELIS, CENTENARES DE DIÁLOGOS.
NO ES MUY COMPLICADO, EN LOS AÑOS SETENTA, TENÍAS A 2 MUJERES CON LAS QUE TODO EL MUNDO FLIPABA.
PAM GRIER Y LYNDA CARTER.
LYNDA CARTER, ES WONDER WOMAN EN LA SERIE DE TV, PARA QUIENES NO ESTÁN ATENTOS O QUE NO TUVIERON EL PLACER DE SER ADOLESCENTES ANTE LA TELE EN LOS SETENTA.
O SEA QUE SI ALGUIEN HUBIERA PUESTO A PAM GRIER EL TRAJE DE WONDER WOMAN, EL PLANETA SE HABRÍA RECALENTADO DOS GRADOS, CREO.
PAM GRIER apareció en BEYOND THE VALLEY of DOLLS*, qué buen título, un campeón, ese RUSS MEYER. Pero explotó con FOXY BROWN y COFFY. Fue la primera mujer que personificó la independencia, la fuerza y la sensualidad en la pantalla.
Las películas de BLAXPLOITATION querían representar lo que los negros vivían cada día. Su manera de hablar, de vestirse, su religión, su música. Era un público que había sido apartado y que quería su revancha.
OK, seguían siendo varones blancos quienes escribían y dirigían las películas, salvo quizás SHAFT, el primero de todos, dirigido por el fotógrafo preferido de ALI, GORDON PARKS.
(* EL VALLE DE LOS PLACERES - 1975.)

PAM GRIER era una estrella, pero cuando a fines de los setenta el filón de la BLAXPLOITATION se agotó, seguía siendo lo bastante conocida como para trabajar. La vemos en un papel secundario con PAUL NEWMAN en FORT APACHE-THE BRONX (1981), encarnando a una prostituta. Hollywood le había cortado las alas y la había puesto en el lugar que pensaba que le correspondía... el de una tía guapa de Harlem.
Luego, la generación de los chavales que crecieron en los años setenta comenzó a rodar películas en los noventa y, cuando te toca elegir a quien quieras para tus personajes secundarios, vas a buscar a tus amores de infancia.
Monté una audición con PAM para PULP FICTION. Tenía que encarnar el papel de la mujer de ERIC SCHOLTZ, Lance, el camello de Vince. Pero nadie se habría creído que un tipo como ese pudiera hablar tan mal a PAM GRIER. Nadie se lo habría tragado. Ni siquiera yo.
Elegí a ROSANNA ARQUETTE. Pero prometí a PAM que escribiría un papel para ella. Solo para ella.
Me lanzó su sonrisa irónica.
BABY, SI ME HUBIERAN DADO 1 DÓLAR CADA VEZ ...
QUE ME LO HAN PROMETIDO, SERÍA RICA.

PULP FICTION es un éxito, y me paso mucho tiempo promocionándola. Y pienso en lo que quiero hacer después.

Me estoy decidiendo, pero todavía no estoy seguro al 100 %.

Estudio opciones, me gustan tantas cosas... Y al fin puedo elegir.

Quiero hacer una película de artes marciales, así que pido a MIRAMAX que compren los derechos del ZATOICHI 13, pensando en ponerme a ello.

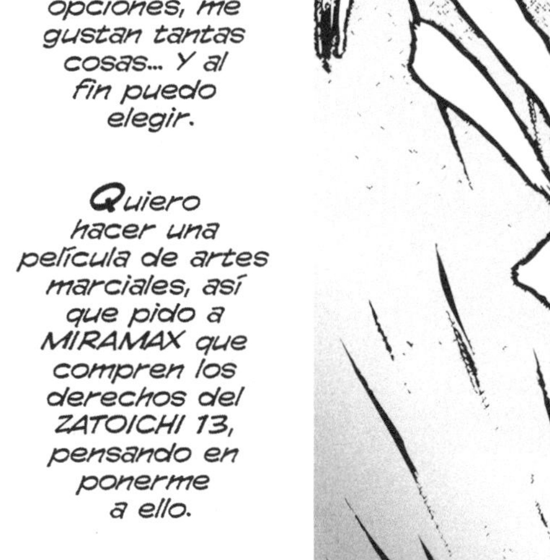

Pero vuelvo a leer RUM PUNCH y la idea de cambiar el personaje principal y dárselo a PAM GRIER me resulta irresistible.

Coincido con ella en una fiesta. Tengo que ir con calma... Calma con PAM GRIER.

HEY, PAM, ¿CÓMO TE VA?
MUY BIEN, HE ACTUADO EN MARS ATTACK DE TIM BURTON Y GHOSTS FROM MARS DE JOHN CARPENTER.
OLVIDA TODAS ESTAS TONTERÍAS. TE ESTOY ESCRIBIENDO UNA PELÍCULA.
YA SABES DONDE ENCONTRARME, BABY.
Vuelvo a casa, y en unas semanas, el script está acabado. Se lo envío (sin avisarla), con un pequeño mensaje: «¡Lee JACKIE BROWN!».
Dado que la película se llama JACKIE BROWN, para mí estaba claro.
Espero la respuesta de PAM.
Nada. 1 día, 2 días, 2 semanas. Nada...
Voy dando vueltas como un adolescente a quien PAM GRIER ha dado plantón.
La llamo y me dice que su perro se está muriendo.
Coge al fin el script y se encuentra con mi sorpresita. Pensaba que la quería para interpretar a la novia de Ordell, Melanie.
PAM GRIER nos viene a ver a nuestras oficinas y las paredes están llenas de carteles de FOXY BROWN, COFFY y BUCKTOWN.
OH, QUENTIN BABY, JAMÁS TE DEJARÁN ELEGIRME PARA UN PAPEL PROTAGONISTA.
HEY PAM, DÉJAME A MÍ. CON MIS PELIS SE ESTÁN HACIENDO RICOS. PUEDO ELEGIR A QUIEN QUIERA. O ME VOY A OTRO LADO.
PAM, SOLO UNA COSA. VAS A OÍR UN MONTÓN DE ESTUPIDECES TIPO QUE ME DIVIERTO «RESUCITANDO LA CARRERA DE VIEJAS GLORIAS», COMO HICE CON TRAVOLTA.
WHAM! BAM! HERE COMES PAM!
Foxy Brown
Pam Grier in Friday
"Coffy"

NO ESCUCHES A ESOS GILIPOLLAS. CONTRATÉ A TRAVOLTA PORQUE ES UNA SÚPER ESTRELLA Y ESOS BUFONES LO HABÍAN OLVIDADO, PERO YO NO, NI TAMPOCO EL PÚBLICO.
TU ERES PAM FUCKING GRIER.
ERES UN ICONO, TE ELEGÍ PORQUE ERES LA MEJOR PARA ESTE PAPEL.
NO PIENSES QUE HE METIDO ESTOS PÓSTERS EN LA PARED ESTA MAÑANA SOLO PARA RECIBIRTE.
SON MIS PÓSTERS PERSONALES. HE VISTO TODAS TUS PELÍS. SÍ, INCLUSO LA DE STEVEN SEAGAL.
ESTARÁS PERFECTA PARA ESTE PAPEL. DI QUE SÍ.
BABY, SI CREES QUE UNA MUJER DE MI EDAD QUE TRABAJA EN HOLLYWOOD PUEDE PERMITIRSE RECHAZAR UN PAPEL DE PROTA...
DESDE LUEGO, TE DIGO QUE SÍ. AL MENOS, ESTA VEZ ESTOY SEGURA DE ESTAR EN LA PELÍCULA.
JACKIE
Esta es PAM GRIER.
No deja escapar una, y siempre tendrá la última palabra.

En esa época me gusta escribir en los dinners, tengo mi lugar preferido y todo el rollo. A menudo me cruzo con tipos a los que conozco o que he visto en películas. Nadie sabe quiénes son, pero yo sí. Y así me crucé con Robert Forster.

Me dice que me he sentado en su sitio. Nos reímos. Charlamos, no ha cambiado nada, sigue siendo súper enrollado. Nos volvemos a ver y le doy el script de JACKIE BROWN. Robert lo lee y no sabe si lo puede hacer, no ve qué papel haría. Le digo que lea el de MAX CHERRY. Robert me dice que su carrera casi se ha acabado, que no me dejarán contratarlo para este papel.

DE NIRO quería trabajar conmigo, desde luego, es súper colega de HARVEY KEITEL. Lee el script y quiere hacer la película, pero no tiene ni idea de cómo abordar el papel de LOUIS GARA.
MIRA, BOBBY, LOUIS NO ES COMPLICADO, ES UNA ESPECIE DE COLOMBO PERO COMPLETAMENTE IDIOTA, ¿ALL RIGHT?
MMM ?
DEBE TENER EL CARISMA DE UN MONTÓN DE ROPA SUCIA.
MMM, OK.
Y así es como contrato a ROBERT DE NIRO.
¿Es DE NIRO el mayor actor del mundo?
Francamente, sí.
Todas sus tomas son buenas. Cuando ya tengo lo que quiero, él intenta algo y a menudo mejora el resultado.
JACKIE BROWN comienza a tener una pinta alucinante. PAM GRIER, SAMUEL L. JACKSON, ROBERT DE NIRO, ROBERT FORSTER, BRIDGET FONDA y BATMAN.
Es un VOLVO con motor de FERRARI.
LOUIISSSSS!!

San Fernando VALLEY
HOLLYWOOD
BEVERLY HILLS
TEMPLE STREET
SANTA MONICA bd.
MALIBU
Sotel
18th STREET
18th STREET
LABEL DEATH ROW
CUATRO FLATS
VARRIO HAZARD GRANDE
GERAHTY LOMAS
EAST LA
(FAMILIA RECORD)
22nd street GANG
WEST LA
DOWNTOWN
WATTS VARRIOR GRAPES STREET
NIKERSON GARDEN Bloods
CRENSHAW bd.
RODNEY
Live on CNN
LAX
INGLEWOOD
(MACK10)
PJ WATTS CRIPS
LIQUOR
NGBH
GUNS
PJW
AIRPORT
(QT HOME)
(VIDEO ARCHIVES)
WATTS
(OFTB)
JAIL
COMPTON
(NWA, QUICK)
SOUTH CENTRAL
(DEL AMO MALL)
TORRANCE
ORANGE COUNTY
CARSON
(BOOYA TRIBE)
GANGS
LA
SNOOP
LONG BEACH
(SNOOP, DOGPOUND, THE MEXAKINZ...)

TRABAJO CON MI **DISEÑADOR DE VESTUARIO** Y MI **PELUQUERO** PARA IMAGINAR EL LOOK DE **ORDELL ROBBIE.**
A **QUENTIN** NO LE GUSTA LO **SUFICIENTE** LO QUE LE PROPONGO. **ASÍ QUE** VAMOS A HACER UNA VERSIÓN **QUE ME GUSTE.**
QUENTIN ESTÁ EN UNA REUNIÓN DE PRE-PRODUCCIÓN, Y UN JODIDO **MO███ F███** ME **RETIENE** EN LA PUERTA, PREGUNTÁNDOME A DÓNDE VOY ASÍ.
QUENTIN **SE MEA DE RISA** Y ME DICE "OK, **TIENES RAZÓN**, TIENE QUE SER ASÍ."
VOLVER A TRABAJAR CON QUENTIN DESPUÉS DE PULP FICTION ERA TOPE.
Y ESTA VEZ, ESTOY EN LO ALTO DEL CARTEL.
EENCARNAR A UN VENDEDOR DE ARMAS, EN PLENA MODA DE PELIS DE GANGS EN L.A., TENÍA SU SABOR. QUENTIN NUNCA SE HA TOMADO MUCHO EN SERIO EL TEMA.
PROCURÁBAMOS EVITAR CIERTOS BARRIOS A CIERTAS HORAS, PERO NO ERA EL BEIRUT QUE LAS PELÍCULAS INTENTABAN HACERNOS CREER. HAY GENTE CORRIENTE QUE VIVE AHÍ, CHAVALES, FAMILIAS. PERO PARECE QUE ES MÁS FÁCIL VENDER ESCAPE FROM NEW YORK.
TRABAJAR CON PAM GRIER... ME PARECÍA INCREÍBLE. HASTA QUE RUEDO LA ESCENA EN LA QUE LE APRIETO EL CUELLO CON LAS MANOS.
Y AHÍ, TODOS MIS SUEÑOS HÚMEDOS DE LOS SETENTA EMERGEN A LA SUPERFICIE EN MODO FLASH.
MOTH███CKER, ESTOY ESTRANGULANDO A COFFY.
Y SU PECHO PRESIONADO CONTRA EL MÍO. GODDAMN, CÓMO ME GUSTA MI OFICIO.

Me encantó hacer esta película, en cierto modo es una oda a las mujeres fuertes, como mi madre y muchas más. Las que no pueden elegir pero cada día arreglan sus problemas.

Quiero trabajar como actor.

Me proponen cameos en películas donde encarno básicamente ***"Quentin Tarantino, le cliché"****.*

Durante cinco minutos es divertido, pero un auténtico papel de composición es mucho más guay. Joder, me he pasado seis años aprendiendo a actuar y ahora me tocan los huevos.

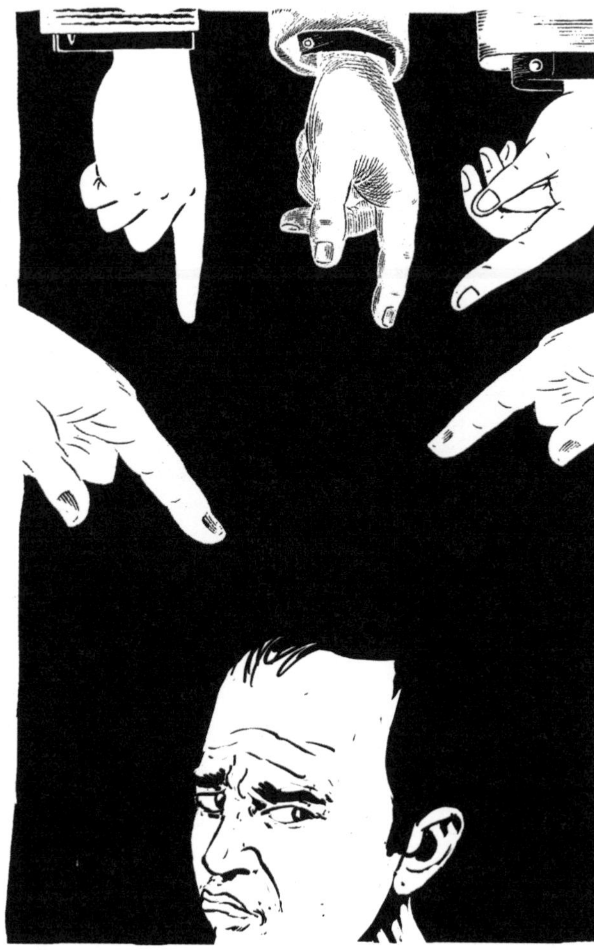

Actúo en una obra en Broadway.

Me compro un apartamento en NUEVA YORK, pensando que me voy a quedar más tiempo.

Y... j█ qué ca█es, la obra se desprograma al cabo de poco.

Como Los cañones de Navarone, sobre un barco de pesca griego.

Me diseccionan y me arrastran por el fango.

Ok, Broadway no quiere saber nada de mí, lo capto, no problemo, baby.

De todos modos, lo que me flipa a mí es el cine.

Atravieso un mal momento y durante un tiempo no trabajo mucho.

Como tras el incendio del laboratorio que arruinó MY BEST FRIEND'S BIRTHDAY, la solución vendrá desde el dolor.

Decido volver a mis primeros amores y hacer solo lo que me gusta. Dirigir películas de GÉNERO. De momento, solo he practicado uno, el CINE NEGRO.

Después de PULP FICTION, comienzo una película de guerra al estilo de DIRTY DOZEN, titulada ONCE UPON A TIME IN NAZI-OCCUPIED FRANCE. Lleno cuadernos y más cuadernos con este proyecto.*

Pero le falta estructura. Me doy demasiados gustazos. Tengo demasiadas ideas y la cosa se desborda por todas partes.

(DOCE DEL PATÍBULO – 1967.)*

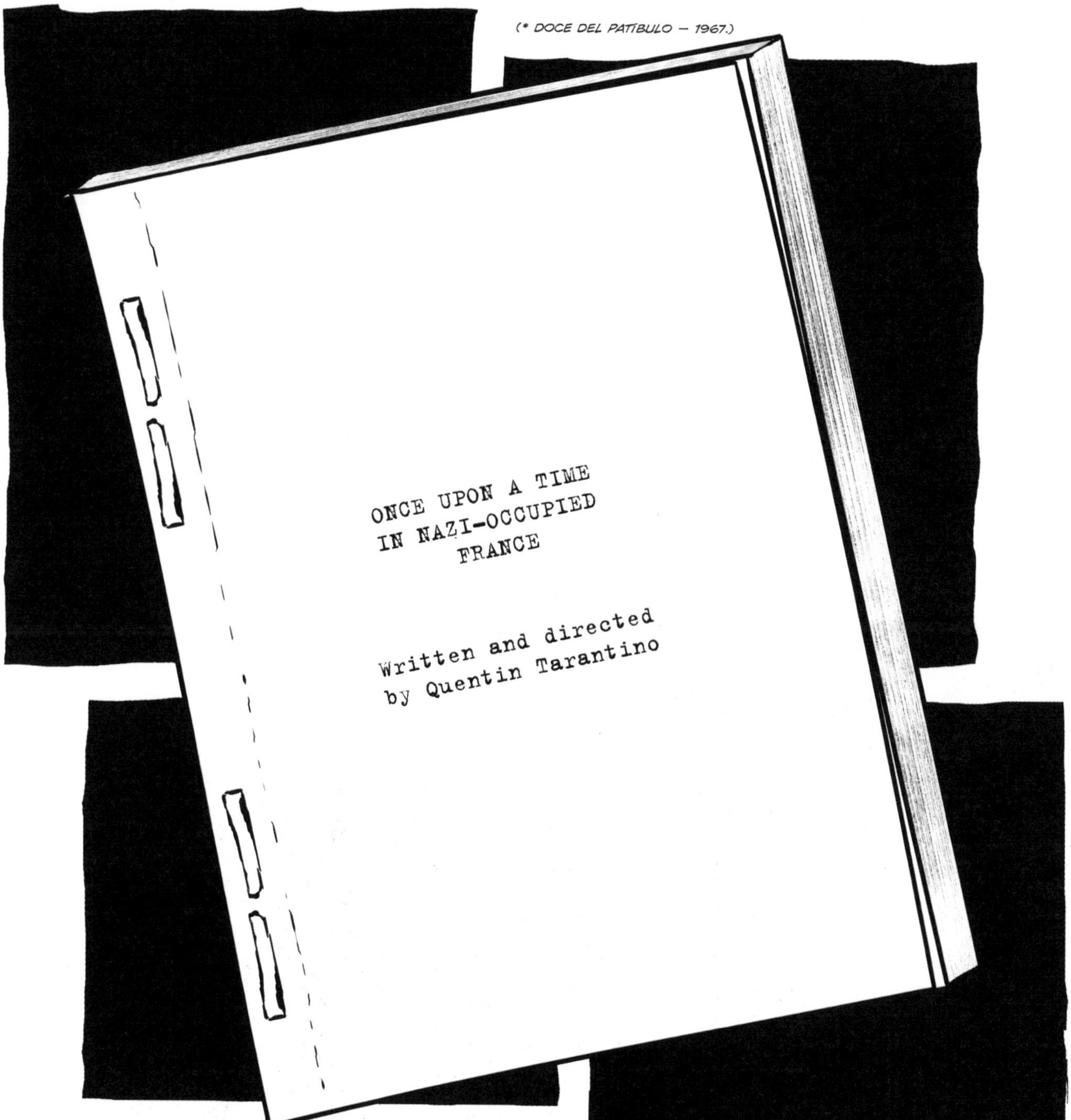

Me gustan todas y soy incapaz de elegir, o sea que las conservo todas, esperando encontrar la solución en un momento dado.

Escribo este rollo hasta finales de los noventa, y siempre sin solución a la vista.

La primera versión es enorme.
Una vez más, un j████ «listín».
ONCE UPON A TIME IN NAZI-OCCUPIED FRANCE
Written and directed by Quentin Tarantino
Debo haber engendrado una película de 14 horas. Mie██a, imposible de rodar.
OK, ¿ACASO AHORA SOY TOO BIG* PARA EL CINE?
VENGA TÍO, LEVÁNTATE YA
(* DEMASIADO GRANDE.)
2001
En su fiesta de cumpleaños, UMA me pregunta cómo llevo la historia de THE BRIDE.
Cuando llego a casa, vuelvo a leer las 30 páginas sobre el tema y sé lo que voy a hacer con esto.
Después de ir dando tumbos con mi peli de guerra, esto casi me parece fácil. Un año más tarde, le someto el script.

«No es que yo exagere,
son los demás quienes
no dan la talla.»

- QT -

Chapter Four

Because We Love Making Movies

(Porque nos gusta hacer películas.)

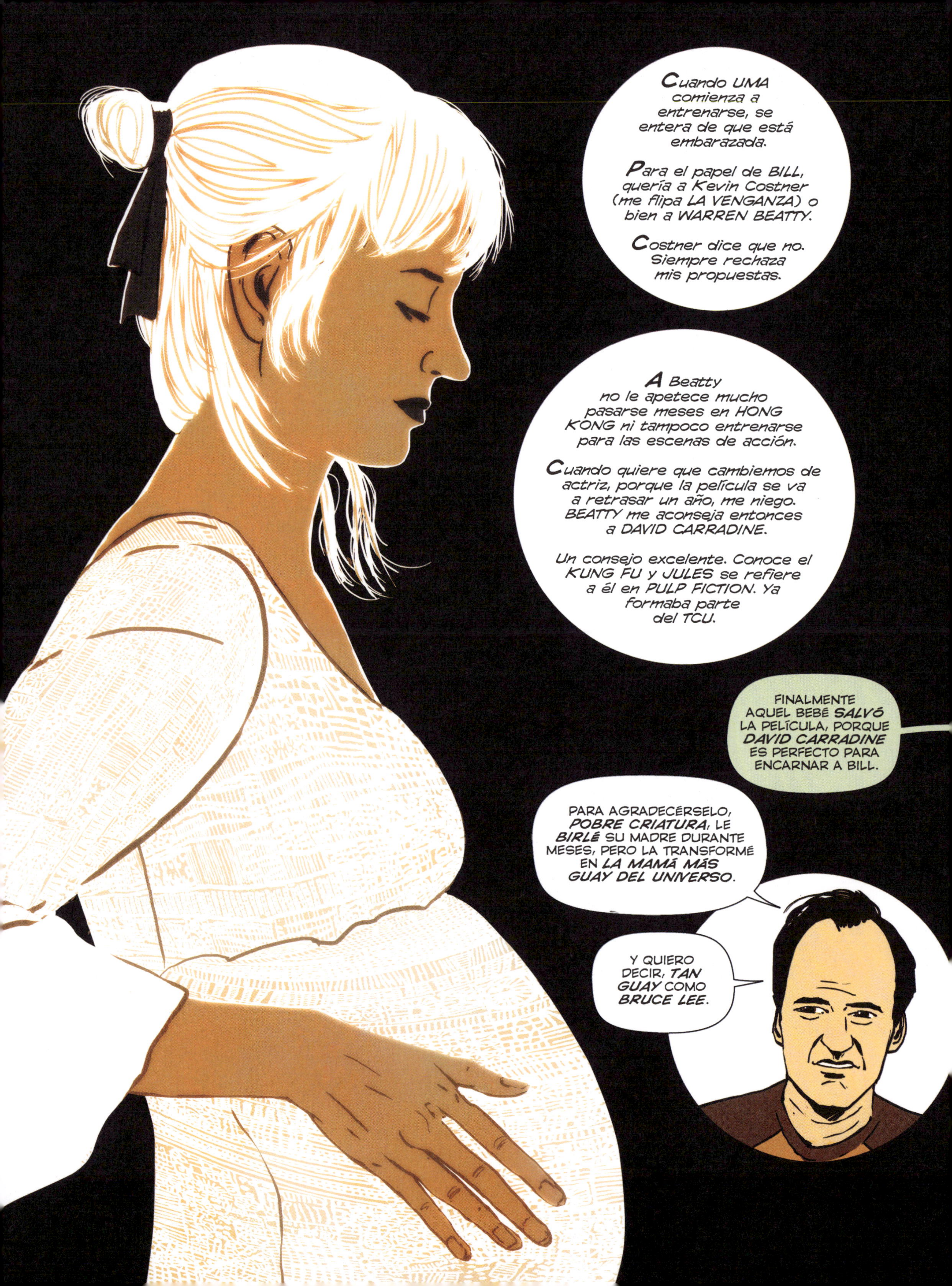
Cuando UMA comienza a entrenarse, se entera de que está embarazada.
Para el papel de BILL, quería a Kevin Costner (me flipa LA VENGANZA) o bien a WARREN BEATTY.
Costner dice que no. Siempre rechaza mis propuestas.
A Beatty no le apetece mucho pasarse meses en HONG KONG ni tampoco entrenarse para las escenas de acción.
Cuando quiere que cambiemos de actriz, porque la película se va a retrasar un año, me niego. BEATTY me aconseja entonces a DAVID CARRADINE.
Un consejo excelente. Conoce el KUNG FU y JULES se refiere a él en PULP FICTION. Ya formaba parte del TCU.
FINALMENTE AQUEL BEBÉ SALVÓ LA PELÍCULA, PORQUE DAVID CARRADINE ES PERFECTO PARA ENCARNAR A BILL.
PARA AGRADECÉRSELO, POBRE CRIATURA, LE BIRLÉ SU MADRE DURANTE MESES, PERO LA TRANSFORMÉ EN LA MAMÁ MÁS GUAY DEL UNIVERSO.
Y QUIERO DECIR, TAN GUAY COMO BRUCE LEE.

Con KILL BILL, quería ir más allá de mis límites como director.

Siempre he considerado que, si sabes dirigir las escenas con diálogo y las escenas de acción, eres un gran director.

Es el momento de conocer mi valor.

La película será una carta de amor a las películas de KUNG FU de los SHAW BROTHERS, a los SPAGHETTI WESTERNS, a las películas de YAKUZA y de CHAMBARA*.

(*Películas de samuráis — SHAMBARA es la onomatopeya del filo saliendo de la carne.)

¡Nada más y nada menos! Cuando te gusta esto, te echas adelante. CARRADINE no es la única leyenda que forma parte de KILL BILL.

También tengo a SONNY CHIBA. Mi ídolo. En su serie SHADOW WARRIORS encarna a HATTORI HANZO. Un HATTORI HANZO diferente a cada episodio. HANZO 3, HANZO 7, HANZO 8...

Yo seguí la serie hasta HATTORI HANZO 100.

El gran público descubrió a SONNY CHIBA en AMOR A QUEMARROPA, y ahora lo va a ver de verdad. El cine a veces es mágico.

Quiero a otra leyenda, GORDON LIU, para encarnar a PAI MEI.

Lo más gracioso es que GORDON luchó multitud de veces contra PAI MEI en sus pelis. Y en mi peli, se convertirá en PAI MEI. El último malvado. Un tipo de más de mil años, un tipo invencible.

Lo más SÚPER DIVERTIDO es que PAI MEI se basa en un personaje real, un luchador sin par, conocido por haberse cargado a monjes Shaolin.

A la muerte del gran maestro, PAI MEI, que entonces era Shaolin, pensó en convertirse en el nuevo maestro. Pero los sabios eligieron a otro.

Así que PAI MEI se va a ver a los capitostes de la dinastía QING y les jura lealtad. Su primera misión: destruir a los SHAOLIN.

Los masacra y se convierte en un mito.

La primera película en la que aparece es EXECUTIONERS FROM SHAOLIN (1977), donde ya actuaba GORDON LIU.

Es un eunuco, al que los golpes en los huevos le partían de risa. En cambio, repartía pullas hirientes y golpes mortíferos.

Se cargaba ya a bonzos con su famoso "FIVE POINTS EXPLODING HEART PALM TECHNIQUE".

Era el JUDAS de la mitología SHAOLIN.

Un Judas que te revienta el careto en lugar de irse a llorar en un rincón.

DAVID CARRADINE encarnará a BILL. Me encanta la serie KUNG FU. Para muchos, en aquella época, era el descubrimiento de las artes marciales, y además en medio de un western. Tenías a ese indigente hippy que se paseaba de una ciudad a otra y defendía a los oprimidos.

MARVEL, que nunca se quedan atrás a la hora de aprovechar una buena idea, crearon IRON FIST a partir de KUNG FU. Un rubito capaz de ser mejor que los chinos en las artes marciales, lo cual no molestaba a nadie.

En KILL BILL, UMA es es una especie de mezcla entre COFFY, BLONDIN* y BRUCE LEE. Pues sí, esto y más, uno tiene que soñar a lo grande, boys and girls. Yo quería que BRUCE pudiera vengarse de los tipos que, digamos, le habían quitado el sitio en la serie que quería crear.

No fue DAVID quien se cargó a BRUCE, sino una mezcla de racismo y de productores inútiles. Pero el mensaje está ahí, oculto en mi película.

Para BILL, había elegido al último seductor, a Mister «me he acostado con 12.000 mujeres», Warren. DAVID siempre tuvo este lado encantador, también funcionará. Es preciso creer en la atracción de una chavala como UMA para un tipo como BILL.

ESTEBAN VIHAIO, el «padre» adoptivo de BILL, es un MACARRA, desde luego, el chaval fue a una buena escuela.

El nombre en clave de BILL es SNAKE CHARMER**, y ha hechizado a todas sus DIVAS. Lo vemos en relación con UMA, luego cuatro años más tarde con ELLE DRIVER, y luegocon SOFIE FATALE.

NIKKI, la chavalita de VERNITA, también tiene que ser suya. Y quiere su venganza.

(*En EL BUENO, EL FEO, Y EL MALO – 1966.) (** EL ENCANTADOR DE SERPIENTES.)

DEADLY INTERNATIONAL VIPERS ASSASSIN SQUAD.

Cada miembro de las DIVAS va a encarnar un tipo particular de cine B que me encanta: Spaghetti Western, Samurai, Yakuza, Explotaition, Kung Fu o Rape & Revenge.

Quiero rendir homenaje a BRUCE LEE y también a LADY SNOWBLOOD, sin olvidar a BABY CART. Dos mangas con guion de KAZUO KOIKE, que estaba fuertemente implicado en las adaptaciones al cine de sus libros. Por eso eran tan guay.

修羅雪姫
Busco a una actriz japonesa para encarnar a O-REN ISHII. Veo a LUCY LIU en SHANGHAI NOON (SHANGHAI KID) con JACKIE CHAN.
Lucy lo borda en las escenas de acción. Voy a reescribir el papel para que lo pueda interpretar. Su cara es de una tal perfección que sus primeros planos serán de oro de ley.
Le enseño LADY SNOWBLOOD, ya lo conoce. Esta película ejerció una tal influencia en mi manera de escribir que enloquezco de alegría por haber encontrado a una actriz tan carismática como MEIKO KAJI.

Busco a mi VERNITA GREEN. Veo a VIVICA FOX en una película por cable. Siempre me había preguntado por qué ya no aparecía desde INDEPENDENCE DAY. La contrato ipso facto.

Sé que va a plantar cara a UMA con fuerza. Me enorgullece este combate. No es casual que esté al principio de la película. Ello crea en seguida un vínculo con lo que podría convertirse en la continuación de las aventuras de THE BRIDE.

Finalmente, la venganza de NIKKI, la hija de VERNITA GREEN, es tan legítima como la suya. Cada vez que VIVICA FOX suelta que es ella la que habría tenido que llamarse BLACK MAMBA, me parto de risa.

Francamente, si los productores hubieran hecho su trabajo, VIVICA se habría convertido en nuestra PAM GRIER.

Cojo el avión hacia Londres para proponer a DARYL HANNAH que sea ELLE DRIVER. Lo divertido es que UMA y DARYL no congeniaron en absoluto.

No llegué a saber si era por fidelidad al papel, o simplemente si a veces no hay feeling. Pero en pantalla, logré exactamente lo que quería.

En la escena en la que ELLE DRIVER está (■■■■■), me hace un regalo inmenso poniéndose en un estado de rabia extrema en el baño. Como COGIDO de BLADE RUNNER.

El personaje de ELLE DRIVER se inspira en CHRISTINA LINDBERG, que interpretó a la fantástica y súper de culto FRIGGA en...

THRILLER - A CRUEL PICTURE
TAMBIÉN TITULADA THEY CALL HER ONE EYE EN LOS EE.UU., TÍTULO TODAVÍA MEJOR.
THE MOVIE THAT HAS NO LIMITS OF EVIL
FIRST THEY TOOK HER SPEECH... THEN HER SIGHT... WHEN THEY WERE FINISHED SHE USED WHAT WAS LEFT OF HER FOR HER OWN FRIGHTENING KIND OF REVENGE!
THEY CALL HER ONE EYE
NOW!
CHRISTINA LINDBERG
Executive Producer BO A. VIBENIUS · Directed by ALEX FRIDOLINSKI · In Eastmancolor
A UNITED PRODUCERS Release
Continuous Saturday from 1:30 PM
OPEN NIGHTLY AT 7:30 PM
MOFFETT D/I — Mtn View
WINCHESTER D/I — Campbell
CENTURY 23 — San Jose
— PENINSULA —
BURLINGAME D/I — Burlingame
MTN VIEW — Mtn View
GOLDEN GATE 1
'UNHOLY ROLLERS'
EL REY
Plus 'WHAT THE PEEPER SAW'
EL RANCHO
—PLUS— 'UNHOLY ROLLERS'
Nightly 'One' 8:30 & 11:45 'Rollers' At 10:20
IMMEDIA
NORTHP
NOT FOR
ST. FRAN
NOW

x=?
Realizada en 1973 (y estrenada en 1974) por BO ARNE VIBENIUS, un sueco.
Y dejad que os diga, a los suecos en aquella época no se les conocía por ensamblar muebles. Más bien por hacer Lego con gente. En pelotas.
SWEDISH EROTICA
BO ARNE era el asistente del director INGMAR BERGMAN en PERSONA (1966) y LA HORA DEL LOBO (1968).
Quiere pasarse a la dirección. Después de una primera película fallida, ve que todas esas pelis de exploitation y las clasificadas X triunfan en las salas.
PERSONA
EN FILM AV INGMAR BERGMAN
INSPICIENT: BO VIBENIUS
REKVISITA: KARL ARNE BERGMAN
Entonces quiere hacer una de esas «pelis de mierda» para financiar sus futuras obras maestras imperecederas.
x=$

RAPE & REVENGE* LO INSPIRARÁ A FONDO.
(*Violación y venganza: estilo de películas de serie B populares en los setenta.)
SOBRE TODO DOS PELÍCULAS, LAST HOUSE ON THE LEFT** DE WES CRAVEN, Y I SPIT ON YOUR GRAVE DE MEIR ZACHI.
(** LA ÚLTIMA CASA A LA IZQUIERDA – 1972.)
THIS WOMAN HAS JUST CUT, CHOPPED, BROKEN, and BURNED FIVE MEN BEYOND RECOGNITION...
BUT NO JURY IN AMERICA WOULD EVER CONVICT HER!
I SPIT on your GRAVE
...AN ACT OF REVENGE!
JERRY GROSS presents "I SPIT ON YOUR GRAVE"
A CINEMAGIC PICTURES PRODUCTION
A MEIR ZARCHI FILM
CAMILLE KEATON · ERON TABOR · RICHARD PACE · ANTHONY NICHOLS
DISTRIBUTED BY THE JERRY GROSS ORGANIZATION
It rests on 13 acres of earth over the very center of hell..!
MARI, SEVENTEEN, IS DYING.
EVEN FOR HER THE WORST IS YET TO COME!
SHE LIVED IN THE
LAST HOUSE ON THE LEFT
TO AVOID FAINTING KEEP REPEATING, IT'S ONLY A MOVIE ..ONLY A MOVIE ..ONLY A MOVIE ..ONLY A MOVIE
SEAN S. CUNNINGHAM FILMS LTD. Presents "THE LAST HOUSE ON THE LEFT"
Starring: DAVID HESS • LUCY GRANTHAM • SANDRA CASSEL • MARC SHEFFLER
• and introducing ADA WASHINGTON • Produced by SEAN S. CUNNINGHAM
Written and Directed by WES CRAVEN • COLOR BY MOVIELAB
NO CONFUNDIR CON I SHALL SPIT ON YOUR GRAVE*** (1959) ADAPTACIÓN DE LA NOVELA HOMÓNIMA DE BORIS VIAN.
(*** ESCUPIRÉ SOBRE VUESTRAS TUMBAS.)
CHRISTIAN MARQUAND
ANTONELLA LUALDI
J'IRAI CRACHER SUR VOS TOMBES
FERNAND LEDOUX
RENATE EWERT
MARINA PETROWA
DANIEL CAUCHY
ANDRÉ VERSINI
PAUL GUERS
CINEMA MARBEUF
Una mañana de junio de 1959, en el cine Marbeuf de París, el día del estreno, antes de terminar los títulos de crédito, BORIS VIAN, en la sala, exclama:
Y SE SUPONE QUE ESTOS TIPOS SON AMERICANOS, ¡UNA MIERDA
Y luego se derrumba, despidiéndose del mundo en una última escena memorable.

BUENO, AH, SÍ, VOLVAMOS A THRILLER ...
GRAND PRIX DE LA CRITIQUE AU FESTIVAL DE CANNES
LA SOURCE
d'INGMAR BERGMAN
BO ARNE también estaba muy influido por su maestro INGMAR BERGMAN, que con, EL MANANTIAL DE LA DONCELLA (1960) había creado, según pretenden algunos, el género de RAPE & REVENGE.
BO ARNE tenía su historia, rápidamente emborronada en una semana. Necesitaba una actriz. Contrató a
christina lindberg.
Una pequeña bomba de formas generosas y cara inocente.
BO pensaba que la chica era un churro actuando. No problem. Cortó todos sus diálogos y transformó su personaje en una joven que se había vuelto muda tras una violación cuando era niña. Justo al principio de la peli.
FRIGGA* es invitada por un proxeneta (la pobre todavía no lo sabe) y pasa la velada con él.
(* Frigga, que es el nombre de la mujer de Odín; Odín, que como ya sabes, es tuerto.)

El macarra la droga
y la obliga a vender
su cuerpo.

Ella araña a su primer
cliente y él le sacará
un ojo.

De la manera más
realista jamás vista
en el cine desde
UN PERRO ANDALUZ.

Christina
se había herido
durante el rodaje.

El equipo
se coló en un hospital
y filmó el auténtico
cadáver de una
adolescente suicida.

FRIGGA en la
versión americana, o
MONICA en versión
original, se engancha
a la heroína y el
macarra la vende
a los clientes
(hombres y mujeres).

Las escenas
de sexo no son
simuladas, son
muy hard, y no las
protagoniza
CHRISTINA, que las
descubrirá más
tarde, horrorizada.

Quien las rodó
fue una pareja de
swingers,
Romeo & Juliet.
Bo Arne quería
que lo clasificaran X,
y lo logró.

En su tiempo libre,
Fridda aprovecha
para aprender a conducir,
a luchar y a disparar.
No está mal desahogarse
un poco.

Bo Arne,
que durante un tiempo
pensó en utilizar un
seudónimo, comienza a
pasarlo en grande haciendo
una peli de mierda.

Logra pillar una
cámara que filma a
cien imágenes por segundo.
Nos regala entonces escenas
de acción a cámara
lenta muy efectivas.

Además, esto alarga la
duración de la película.
Es útil con un guion
tan simple. Sobre todo
con una actriz muda.

CHRISTINA, que
no había conducido
en su vida, se divierte mucho
haciéndolo y circula demasiado
rápido después del rodaje.
Los polis suecos la detienen
y descubren un
arsenal en su maletero.

Sí, en el cine son
armas de verdad,
lo único es que cargadas
de fogueo.

Sus ojazos tristes y las
explicaciones de Bo Arne
debieron ser convincentes,
porque CHRISTINA sale de la
cárcel. Además, para
asegurarse que no se va a
herir ni va a herir a nadie, un
poli manipulará la palanca de
cambios y estará dentro del
coche en cada escena.

Los policías debieron
entenderse bien con Bo,
ya que incluso prestarán el
coche para algunas
persecuciones
endiabladas.

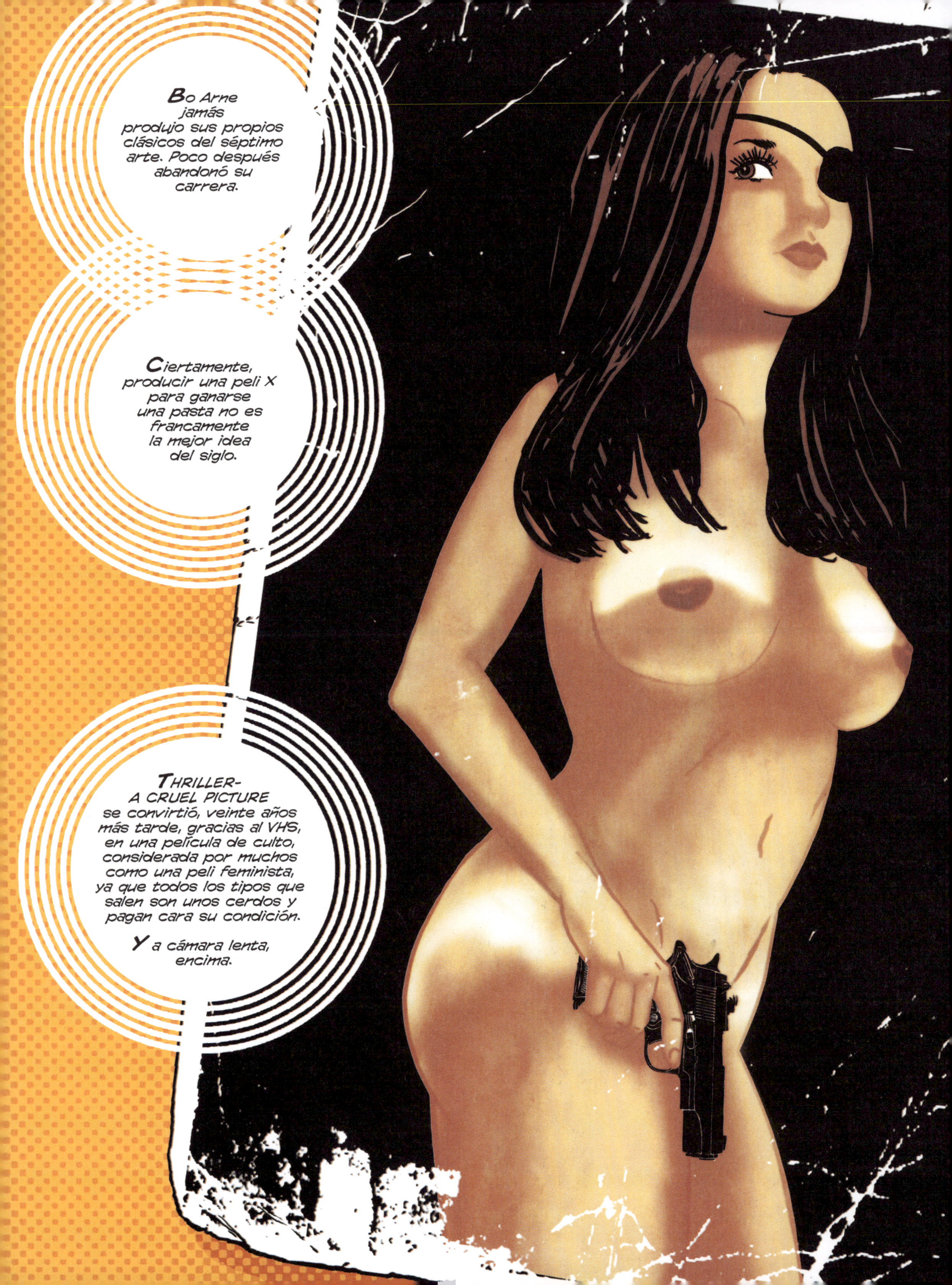
Bo Arne jamás produjo sus propios clásicos del séptimo arte. Poco después abandonó su carrera.
Ciertamente, producir una peli X para ganarse una pasta no es francamente la mejor idea del siglo.
THRILLER- A CRUEL PICTURE se convirtió, veinte años más tarde, gracias al VHS, en una película de culto, considerada por muchos como una peli feminista, ya que todos los tipos que salen son unos cerdos y pagan cara su condición.
Y a cámara lenta, encima.

不良姐御伝
猪の鹿お蝶
Si CHRISTINA LINDBERG no hubiera estrenado en el mismo año dos películas más que iban a convertirse en clásicos del PINK CINEMA: SEX & FURY y ANITA, aquello habría acabado con su carrera.
Pese a que el público es más indulgente con las chavalas alérgicas a la ropa.
FRANCAMENTE, EL RELATO DEL RODAJE SERÍA UNA PELI INCREÍBLE.
NO PUEDO DECIR QUE NO LO HAYA PENSADO.
PERO EL ORIGINAL SIGUE CLASIFICADO X Y EL PÚBLICO NO LO PODRÁ VER.
PERO HABRÍA PODIDO SER UNA BUENA PELI A LO BOOGIE NIGHTS.

ZOË BELL doblará a UMA como especialista, en saltos y otras cosas peligrosas.

Vamos con sumo cuidado, pero cuando ZOË sustituye a DARYL HANNAH, a quien UMA propina dos patadas tras las que aterriza sobre la tele, ZOË se romperá la espalda, sin saberlo.

Le harán una radiografía cinco años después. ZOË es de hormigón armado, y más flexible que un junco. Sin olvidar que, para doblar a UMA, estar buena no sobra.

SAMUEL hace una pequeña aparición en la iglesia antes de la masacre.

Quiere saber si el músico es JULES. Le pregunto por qué lo piensa. Me dice que su CV es demasiado bonito para ser verdad.

Yo le había dicho lo mismo a STEVE BUSCEMI cuando me había preguntado si BUDDY, el camarero del JACK RABBIT SLIM, era MISTER PINK, que había vuelto a su curro de antes para que la gente olvidara el fiasco de DOGS.

Interpretadlo como queráis, amigos.

RZA COMPONE LA MÚSICA
COMO SI FUERA UN ÁLBUM
DEL WU-TANG. ME ENCANTA.

ROBERT ME PASA
UN TEMA POR 1 $.
A CAMBIO, TENGO
QUE DIRIGIR UNA
ESCENA DE SIN CITY,
QUE HARÁ CON FRANK
MILLER.

SERÁ MI ÚNICA
INTRUSIÓN EN EL
MUNDO DE LA
FILMACIÓN DIGITAL,
QUE DETESTO.

ESTOY CONTRA
LA PROPIA IDEA.

ME ENCANTA EL HECHO DE
QUE SEA MÁS DIFÍCIL
RODAR CON PELÍCULA.
TIENES QUE HACER MÁS
ESFUERZOS PARA
LA LUZ.

EL CINE TIENE QUE
MERECERSE. Y VERSE EN
PANTALLA GRANDE.

EL DÍA EN
QUE LO MIREMOS
EN UN MÓVIL, ESE DÍA
DEJARÉ EL CINE.

ESCRIBIRÉ LIBROS
DE PAPEL HASTA
EL FIN DE MIS DÍAS.

BUENO, VOLVAMOS A KILL BILL, ¿OK?
GRRR, ME PONGO COMO UNA MOTO, LO SÉ, NO DEBERÍA, PERO ME AFECTA.
SOLO TEMO UNA COSA, ES ASISTIR MIENTRAS VIVA A LA MUERTE DEL CINE.
TODAVÍA HABRÁ PELÍCULAS. PERO EL AUTÉNTICO CINE SOBRE PELÍCULA HABRÁ MUERTO.
BUENO, VOLVAMOS A KILL BILL.
¿Y TALVEZ A BRUCE LEE?
LO DE LEE, MÁS TARDE.
PREFIERO HABLAR DEL PEOR DÍA DE MI VIDA.

EL DÍA EN QUE ESTUVE A PUNTO DE HACER ENTRAR A UMA EN LA LEYENDA.
COMO JAMES DEAN...
¿ESTÁS SEGURO?
SÍ, SE LO DEBO.
TODO LO QUE HACÍAMOS FUNCIONABA. YUEN WOO PING TRANSFORMÓ A UMA EN UNA MÁQUINA DE GUERRA.
UMA HABÍA DADO A LUZ TRES MESES ANTES, Y TRABAJÓ MUY DURO.
ZOË BELL HACÍA LAS ESCENAS DE ACCIÓN UN POCO DIFÍCILES, PERO EN PANTALLA VEMOS QUE UMA SE MUEVE SÚPER BIEN.
ES CREÍBLE COMO ASESINA.
SALLY MANKE va montando la película, y vemos que será una bomba.
WEINSTEIN ha decidido cortar la peli en dos partes. PERFECTO... mi plan ha funcionado.
Estamos a tope. Seremos la competencia directa de STAR WARS y MATRIX.
A ellos apenas los prohibirán a menores de 13 años, así que tenemos que ir a fondo.
Ellos propondrán un mundo digital perfecto, nosotros necesitamos sudor, sangre, y que la cosa lo pete de verdad.

El rodaje casi
ha terminado.
Vamos confiados.

Demasiado confiados.

Es un plano simple.

UMA circula por una
carretera rural en México.
La cámara está tras ella.
Sentimos el viento en sus
cabellos y en los nuestros.

UMA está intranquila.
Pide a un especialista que
haga la escena.

No lo habíamos previsto, y
no tenemos a nadie en el set.

Voy a convencer a
UMA para que lo haga.

UMA arranca y
acelera a tope.

Casi en seguida,
pierde el control
del GHIA.

Y
se estampa
contra
un árbol.

CRASH

Uma no se mueve.
Corremos hacia ella.
Veo cómo mueve los ojos a través de sus gafas.
Está VIVA.
El equipo se pone en modo supervivencia.
Me quedo a su lado sujetándole la mano hasta que llega la ambulancia.
Tiene las piernas heridas, y una contusión en la cabeza.
Yo no sé dónde meterme.

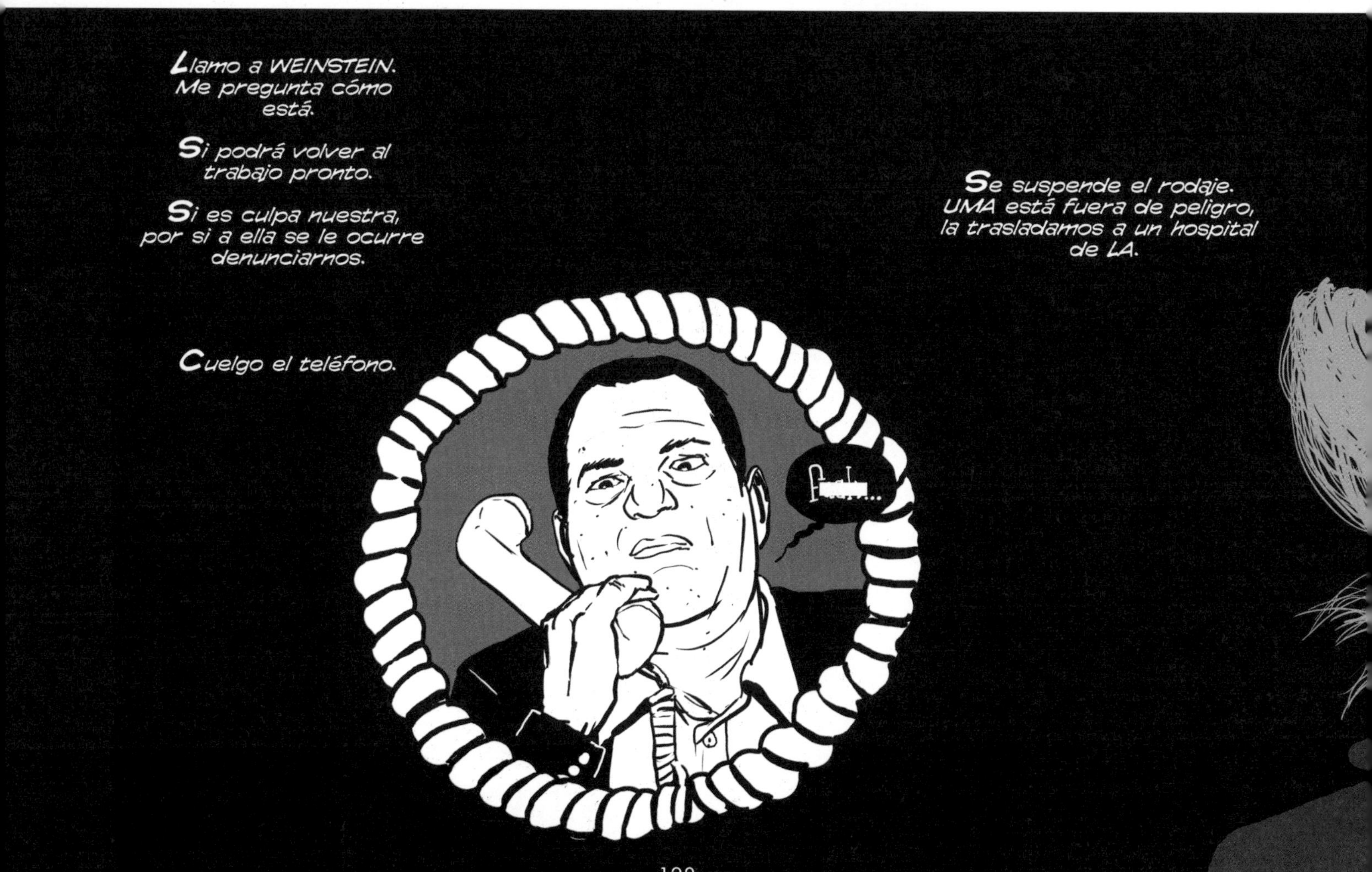
Llamo a WEINSTEIN. Me pregunta cómo está.
Si podrá volver al trabajo pronto.
Si es culpa nuestra, por si a ella se le ocurre denunciarnos.
Cuelgo el teléfono.
Se suspende el rodaje. UMA está fuera de peligro, la trasladamos a un hospital de LA.

MIRAMAX le hace firmar una cláusula de no-divulgación. Los abogados de MIRAMAX le dicen que si les denuncia, me va a caer un puro a mí.
UMA NOS PIDE QUE DESTRUYAMOS LA PELÍCULA DEL ACCIDENTE.
NO PUEDO HACERLO.
PRIMERO, ES UNA PRUEBA. SEGUNDO, TENGO MIEDO DE LO QUE PUEDA PASARME.
YA NADA SERÁ IGUAL ENTRE NOSOTROS DESPUÉS DE ESTO.
Y ES MI CULPA.

UMA puede volver a trabajar al fin, pero ya no es capaz de hacer escenas de acción.
Vuelvo a escribir la escena final, que pasará en torno a una mesa. Estoy súper contento con los diálogos de esta secuencia. La retahíla sobre SUPERMAN y CLARK KENT es magnífica.
Hasta que escriba la escena de LANDA en MALDITOS BASTARDOS, será una de mis preferidas.
TE DIRÉ ALGO SOBRE MI PROPIA FIVE POINTS TECHNIQUE:
1# CONOCER EL GÉNERO DE PELÍCULA QUE HACES.
2# ESCRIBIR DIÁLOGOS MUY BUENOS.
3# CORTAR TODAS LAS PARTES ABURRIDAS.
4# DIVERTIRSE SIEMPRE.
5# PONER CORAZÓN.

CON ESTO, LA VICTORIA ESTÁ ASEGURADA CADA VEZ. LA PELÍCULA LO PETA EN TODO EL MUNDO, Y QUIENES ME HAN INSULTADO EN SUEÑOS HAN TERMINADO POR DESPERTARSE Y SE HAN DISCULPADO.
En fin, todos no.
Siempre habrá una panda de cascarrabias que se van a su rincón a refunfuñar.
Pero tengo a la juventud en el bolsillo. Y cada año, una nueva generación descubre mis películas y las adora.
Desde luego, una buena parte de las referencias se les escapan, pero les gusta lo que ven.
Para los jóvenes del mundo entero, soy cool. Sí, muy cool.
UMA participa en la promoción como una profesional. Nos recuerda a todos que es una buena actriz.
Luego nos vamos viendo menos. Y luego, ya nada.
Mi proyecto de hacer un KILL BILL cada diez años se va al garete.
Ironías de la vida, al final Weinstein nos volverá a acercar... mucho más tarde.

HARD TOPICS

(TEMAS DELICADOS...)

(* VER BIBLIOGRAFÍA.)

FEET
(LOS PIES)
ES UNA DE LAS RAZONES POR LAS QUE *NO ESTOY EN LAS REDES SOCIALES*.
ME BOMBARDEARÍAN DE IMÁGENES, RUMORES, MEMES O *BURLAS SOBRE LOS PIES*.
HAY *POBRES TROLLS* EN INTERNET QUE PASAN EL TIEMPO *TOMÁNDOLE EL PELO A SCORSESE*.
BLA, BLA BLA, COCA, *BLA, BLA*... SIN PARAR. UNA BANDA DE *INDESEABLES*.
SI SON CAPACES DE METERSE CON MARTIN, YO SOY UNA *DIANA GIGANTE* PARA ESOS *PAYASOS INVERTEBRADOS*.

PERO ESTO NO ES LO *IMPORTANTE*, QT.
EN CUANTO A *LOS PIES*, ES FÁCIL, CREO QUE SON *BONITOS* E INCREÍBLEMENTE *FOTOGÉNICOS*.
LAS *PANTALLAS* ESTÁN LLENAS HASTA EL TOPE DE *TETAS* Y DE *CULOS*, Y NADIE SE MOLESTA.
PERO LOS PIES SON UN POCO *MÁS ÍNTIMOS*. Y YA QUE NO VEMOS MUCHOS, *VOY A PONERLE REMEDIO*.
ES EL MISMO DELIRIO QUE PARA LAS *REFERENCIAS* POP O LA *NARRACIÓN NO LINEAL*. YO NO HE INVENTADO ESTAS HISTORIAS, ESTABAN AHÍ, COMPLETAMENTE INUTILIZADAS. *YO LAS HE UTILIZADO. ¡Y BIEN, ADEMÁS!*
NO ES QUE YO EXAGERE, *SON LOS DEMÁS LOS QUE NO DAN LA TALLA*.

PARA ALGUNOS, NO ERES MÁS QUE UN LADRÓN.
OK, NO PROBLEMO. AH, ENTONCES, ¿ES ASÍ DE FÁCIL, EH?
ENTONCES, ¿POR QUÉ LAS PELÍCULAS SIEMPRE SON TAN PEÑAZO?
Y MIRA QUE ESTÁ CHUPADO. PILLAS A UNA PANDA DE ACTORES MÁS O MENOS CONOCIDOS.
LES VISTES CON TRAJES NEGROS.
LES HACES HABLAR DURANTE LA MITAD DE LA PELÍCULA METIENDO TOPE DE REFERENCIAS A LA CULTURA POP, CON LO CUAL LOS SIMPSON PARECERÁ UNA PELI DE JAMES IVORY.
VALE, A CONTINUACIÓN TE CARGAS A LA MITAD DE TUS PERSONAJES PINTANDO LOS DECORADOS DE COLOR ROJO SANGRE. ¿VES? ES SENCILLO, BÁSICO.
Y SIN EMBARGO, NO FUNCIONA.
NO, NO FUNCIONA ASÍ.
ES PRECISO CREER QUE EL PÚBLICO ES TAN LISTO COMO UNO MISMO. SE TIENE QUE ESCRIBIR PARA UNO MISMO PERO SABER QUE EL PÚBLICO PILLARÁ TUS CHISTES. TIENES QUE SER GENEROSO. EL HUMOR ES UNA ARMA DE DISTRACCIÓN MASIVA, SE TIENE QUE UTILIZAR.
TIENES QUE ESCRIBIR DE MANERA QUE LOS CINÉFILOS PILLEN LOS CHISTES, PERO QUE EL GRAN PÚBLICO TAMBIÉN SE PUEDA REÍR. Y EN ESE CASO, BINGO.

PARA EMPEZAR, TENEMOS EL RESPLANDOR (1980). ¿A QUIÉN NO LE GUSTA EL RESPLANDOR, APARTE DE A STEPHEN KING, ME REFIERO?
ES LA ESCENA EN LA QUE JACK TORRANCE/NICHOLSON QUIERE DERRIBAR LA PUERTA DEL CUARTO DE BAÑO Y LA CABEZA DE WENDY Y LO QUE SE TERCIE.
MIENTRAS ENCARNA AL LOBO FEROZ Y GRITA "HERE'S JOHNNY!!", DOS PALABRAS Y CUATRO SÍLABAS QUE HAN ENTRADO EN LA HISTORIA, PUEDES ADMIRAR LA BELLEZA DE LA COMPOSICIÓN DE THE PHANTOM CARRIAGE (1921).
ES SENCILLO Y ES BELLO. BIEN VISTO, STANLEY. ¿ERA PRECISO ACOSAR PSICOLÓGICAMENTE A SHELLEY DUVALL DURANTE TODO EL RODAJE?
NO LO SABREMOS NUNCA, PERO SIN DUDA ESTÁ ATERRORIZADA EN PANTALLA.
THE PHANTOM CARRIAGE (1921)
SHINING (1980)

EL SEGUNDO EJEMPLO NOS VIENE DE *RAIDERS OF THE LOST ARK**.
RAIDERS
OF THE LOST ARK
DERS of GHOST CITY
UNA DE LAS PELÍCULAS MÁS AGRADABLES JAMÁS RODADAS, *SPIELBERG Y LUCAS* TENÍAN TANTAS GANAS DE HACER UNA VERSIÓN MODERNA DE ESTAS *PULPS FICTIONS* QUE LES ENCANTABA MIRAR CUANDO ERAN CRÍOS EN LUGAR DE JUGAR FUERA, QUE ESTOS *DOS NIÑOS GRANDES* RECUPERARON DIRECTAMENTE LA SECUENCIA INICIAL Y EL TÍTULO DE *RAIDERS OF GHOST CITY*, DE 1944. OK, LA MITAD DEL TÍTULO, PERO TODO EL *PRINCIPIO DE LA PELÍCULA* SEGURO.
A STEVEN SPIELBERG F
ASÍ QUE DEJAD DE TOCARME LAS NARICES CON LAS REFERENCIAS QUE VEIS EN MIS PELÍCULAS. NUNCA MANDÁIS *A LA MIERDA* A SCORSESE CON SUS "REFERENCIAS" Y SUS "HOMENAJES", PORQUE SOIS *DEMASIADO INCULTOS* PARA PILLARLOS.
SI CITAS OTRAS PELÍCULAS *ES PORQUE SABES*.
PERO SI QUIERES UNA LISTA DE PELÍCULAS SIN REFERENCIAS, PUEDO SATISFACER TU CEREBRO DE DOS NEURONAS CON *KILL DARK BLACK* O *DARK DEATH KILL* O CUALQUIERA DE LOS DIRECTOS EN VÍDEO QUE *STEVEN SEAGAL* HA COMETIDO EN ESTOS ÚLTIMOS AÑOS. LA COSA ERA PAGAR A TODA ESA GENTE A SU ALREDEDOR COMO PARA HACERLE CREER QUE ES UN SENSEI EN ARTES MARCIALES, CAPAZ DE HACER OTRA COSA QUE METERSE SALCHICHAS EN LA BOCA.
(EN BUSCA DEL ARCA PERDIDA – 1981.)*

PUES MIRA, BUEN MOMENTO PARA UNA LECCIÓN DE
FILM SCHOOL
(ESCUELA DE CINE)
CLASSICISM
TIENES A 2 TIPOS QUE PESCAN EN UN LAGO, EN UNA BARQUITA.
SE LLAMAN, MMM... DIGAMOS...
ROY Y JASON.
ORCA
ROY HA PILLADO UN PEZ, PERO ES INCAPAZ DE TIRAR DE ÉL. MIRA EL AGUA PARA VER QUÉ TIPO DE ANIMAL HA PESCADO, Y DICE:
NECESITAREMOS UN BARCO MÁS GRANDE.
OK, ROY.

(RISAS.) Y LAS POSIBILIDADES SON INFINITAS, DESDE LUEGO.
¿HA PESCADO UN PEZ GRANDE? ¿UN PEZ ENORME?
¿O HASTA UN TIBURÓN?
ORCA
LA REFERENCIA A JAWS (TIBURÓN) HARÁ REÍR A QUIEN HAYA VISTO LA PELÍCULA.
PERO QUIENES NO LA HAYAN VISTO Y RECUERDEN QUE EL PAPEL DEL SHERIFF BRODY LO INTERPRETA ROY SCHNEIDER HAN COMENZADO A REÍR CUANDO HAN OÍDO EL NOMBRE DEL PESCADOR Nº 1.
EL OTRO SE LLAMA JASON, QUE EN EL PRIMER FRIDAY 13TH (VIERNES 13) MATABA A LOS ADOLESCENTES DE LAKE PLACID A MOGOLLÓN, CON UN CUCHILLO. OK, HABÉIS PILLADO LA IDEA.
ES UNA FALSA PISTA QUE METO AHÍ PARA FRENAR A LOS MÁS AGUERRIDOS QUE HAN VISTO TODAS LAS PELIS DE LA HISTORIA.
ASÍ SUCEDE LA COSA. TENGO UNA PEQUEÑA ESCENA DE TRES LÍNEAS, 2 LÍNEAS DE DIÁLOGOS Y 3 REFERENCIAS.
ACCIÓN + REACCIÓN = EMOCIONES.
RESULTADO, EL PÚBLICO SE IMPLICA EN ESTA MINÚSCULA ESCENA Y EXPERIMENTA ÉMOTIONS.
CLASSICISM

FILM SCHOOL 2

(EN HALLOWEEN, LOS CRÍOS VAN DE PUERTA EN PUERTA DICIENDO: "TRICKS OR TREATS" — TRUCO O TRATO.)

(MÚSICA DE LOS ÓSCARS... QUE CUBRE EL DISCURSO.)

LAS PELÍCULAS DE SKETCHES NO FUNCIONAN NUNCA. PENSABA EN HACER UNA, EN QUE YO SOLO DIRIGIRÍA TODAS LAS PARTES.
ES LO QUE HICE CON SIN CITY, Y QUERÍA HACER OTRA EN SEGUIDA.
ROBERT viene a mi casa para mostrarme mi secuencia de SIN CITY montada. Charlamos, vemos unas pelis de EXPLOITATION y añado unos tráilers.
Mi casa es un puñetero caos. Ve un póster de DRAG STRIP GIRL. Tiene el mismo en su casa.
Y comenzamos a vomitar ideas. Al fin de la velada, sabemos cuál será nuestra próxima película.
¿CREES QUE MIRAMAX PONDRÁ PASTA EN ESTE DELIRIO?
MIRA, ELLOS ELIGEN. Y SI NO NOS VAMOS A OTRA PARTE.

Rodar pelis de SERIE-B es de lo mejor.

Puedes hacer lo que quieras, hasta dejar errores de continuidad, el público se va a mear de risa.

Aunque me ha encantado currar con mi hermano, me he dado cuenta de que los proyectos que hago en colaboración siempre son fallidos, y que mis pelis personales siempre funcionan.

ROBERT está hecho para este tipo de películas. PLANET TERROR es una excelente peli de género, desacomplejada e hilarante.

El rollo de «perder» una bobina entera de 15 minutos y seguir con la peli, es puro genio.

(* DESAPARECIDO EN COMBATE III — 1988.)

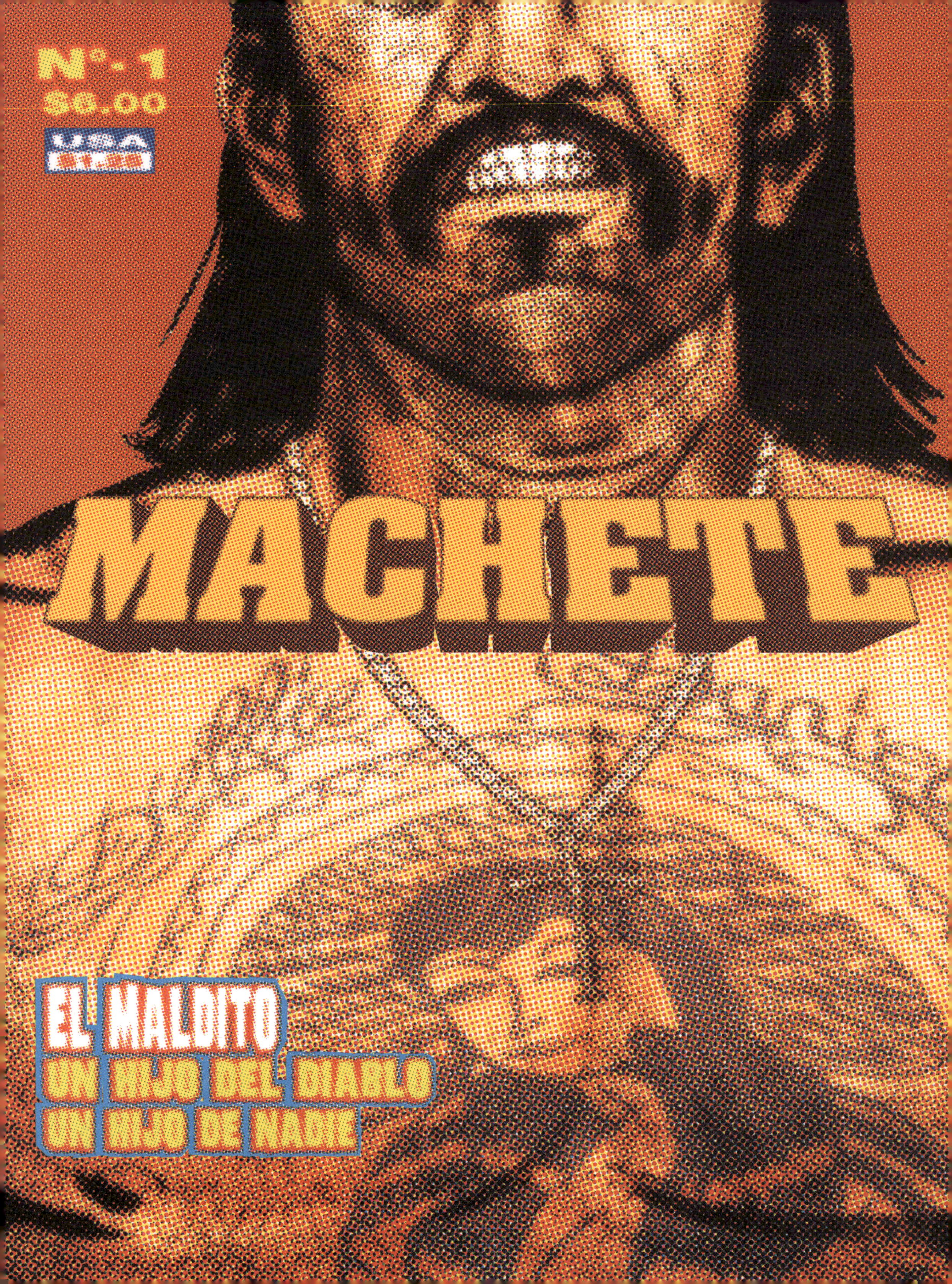
Nº·1
$6.00
USA
MACHETE
EL MALDITO
UN HIJO DEL DIABLO
UN HIJO DE NADIE

CUANDO ROBERT CONTRATÓ A TREJO PARA DESPERADO, SE DIO CUENTA DE QUE ERA SU PRIMO.
DANNY TIENE UN FÍSICO DE DURO DE VERDAD, PERO SU VIDA TODAVÍA ES MÁS INCREÍBLE QUE SUS PELÍCULAS.
NACIDO EN 1944 EN LOS ANGELES, DESDE MUY PRONTO TUVO RELACIONES ESTRECHAS CON LA JUSTICIA.
Su tío preferido, Gilbert Trejo, era un tipejo de mucho cuidado, que se lo llevó consigo en varios atracos cuando no tenía más de ocho años.
A los 10 años, ya enganchado a la droga.
TÍO, O ME DEJAS PROBAR YOYO* O SE LO DIGO A MI PADRE.
Se pasaba el tiempo entrando y saliendo de correccionales.
Una vez adulto, siguió fichando en las prisiones más duras del país.
De paso, se cruzó en el camino de CHARLES MANSON.
Lo describe como a un mierdecilla, pero también como a un hipnotizador nato.
DANNY, ¿SABES? UN DÍA SERÉ CÉLEBRE, MAN.
¡CIERRA EL PICO, MANSON!
EN SAN QUENTIN, en 1966, es campeón de boxeo de la cárcel y conoce a EDWARD BUNKER.
Durante un motín, hiere a un guardián y se pasa 2 años en el corredor de la muerte. Si Dios lo ayuda, jura que cambiará de vida. Lo liberan y mantiene su palabra.
EDWARD BUNKER había escrito su primera novela en la cárcel, NO BEAST SO FIERCE, que se publicó, y comprada por la WARNER, se convertirá en 1978 en una peli excelente: STRAIGHT TIME, con un DUSTIN HOFFMAN más peligroso que nunca.
BUNKER había adaptado y vendido un escenario inédito de AKIRA KUROSAWA, THE RUNAWAY TRAIN, que comienza en la cárcel.
Sobrio desde su salida de la cárcel, Danny ayudaba ahora a los presidiarios y a los jóvenes enganchados a la droga y el crimen.
HEY, YO TE CONOZCO, ERES DANNY TREJO.
¿QUIERES SACARTE UN POCO DE PASTA?
NECESITAMOS A UN COACH PARA ERIC ROBERTS, Y TAMBIÉN A PRESIDIARIOS PARA QUE TODO QUEDE MÁS REAL.
HASTA YO ACTÚO EN LA PELÍCULA.

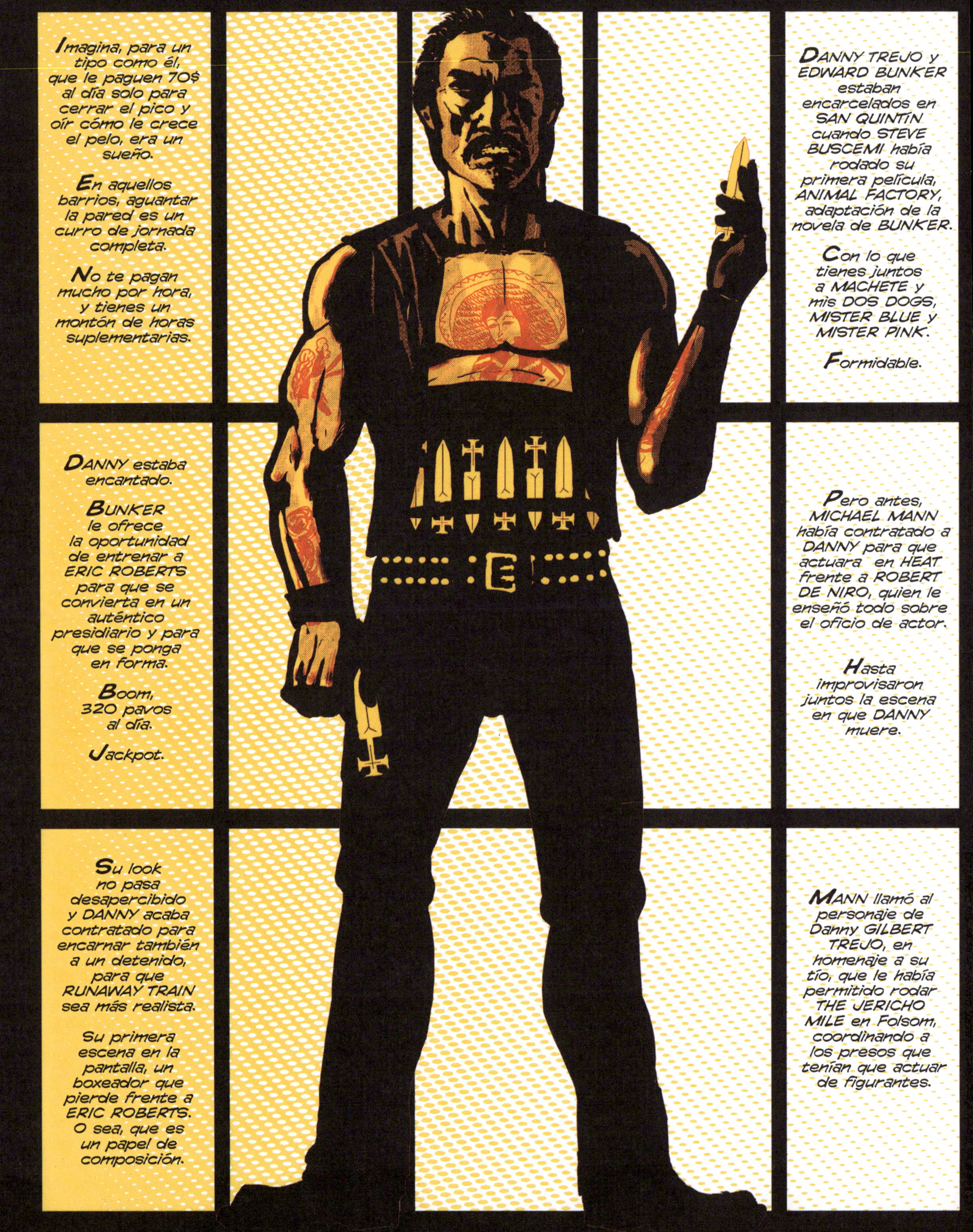
Imagina, para un tipo como él, que le paguen 70$ al día solo para cerrar el pico y oír cómo le crece el pelo, era un sueño.
En aquellos barrios, aguantar la pared es un curro de jornada completa.
No te pagan mucho por hora, y tienes un montón de horas suplementarias.
DANNY TREJO y EDWARD BUNKER estaban encarcelados en SAN QUINTÍN cuando STEVE BUSCEMI había rodado su primera película, ANIMAL FACTORY, adaptación de la novela de BUNKER.
Con lo que tienes juntos a MACHETE y mis DOS DOGS, MISTER BLUE y MISTER PINK.
Formidable.
DANNY estaba encantado.
BUNKER le ofrece la oportunidad de entrenar a ERIC ROBERTS para que se convierta en un auténtico presidiario y para que se ponga en forma.
Boom, 320 pavos al día.
Jackpot.
Pero antes, MICHAEL MANN había contratado a DANNY para que actuara en HEAT frente a ROBERT DE NIRO, quien le enseñó todo sobre el oficio de actor.
Hasta improvisaron juntos la escena en que DANNY muere.
Su look no pasa desapercibido y DANNY acaba contratado para encarnar también a un detenido, para que RUNAWAY TRAIN sea más realista.
Su primera escena en la pantalla, un boxeador que pierde frente a ERIC ROBERTS. O sea, que es un papel de composición.
MANN llamó al personaje de Danny GILBERT TREJO, en homenaje a su tío, que le había permitido rodar THE JERICHO MILE en Folsom, coordinando a los presos que tenían que actuar de figurantes.

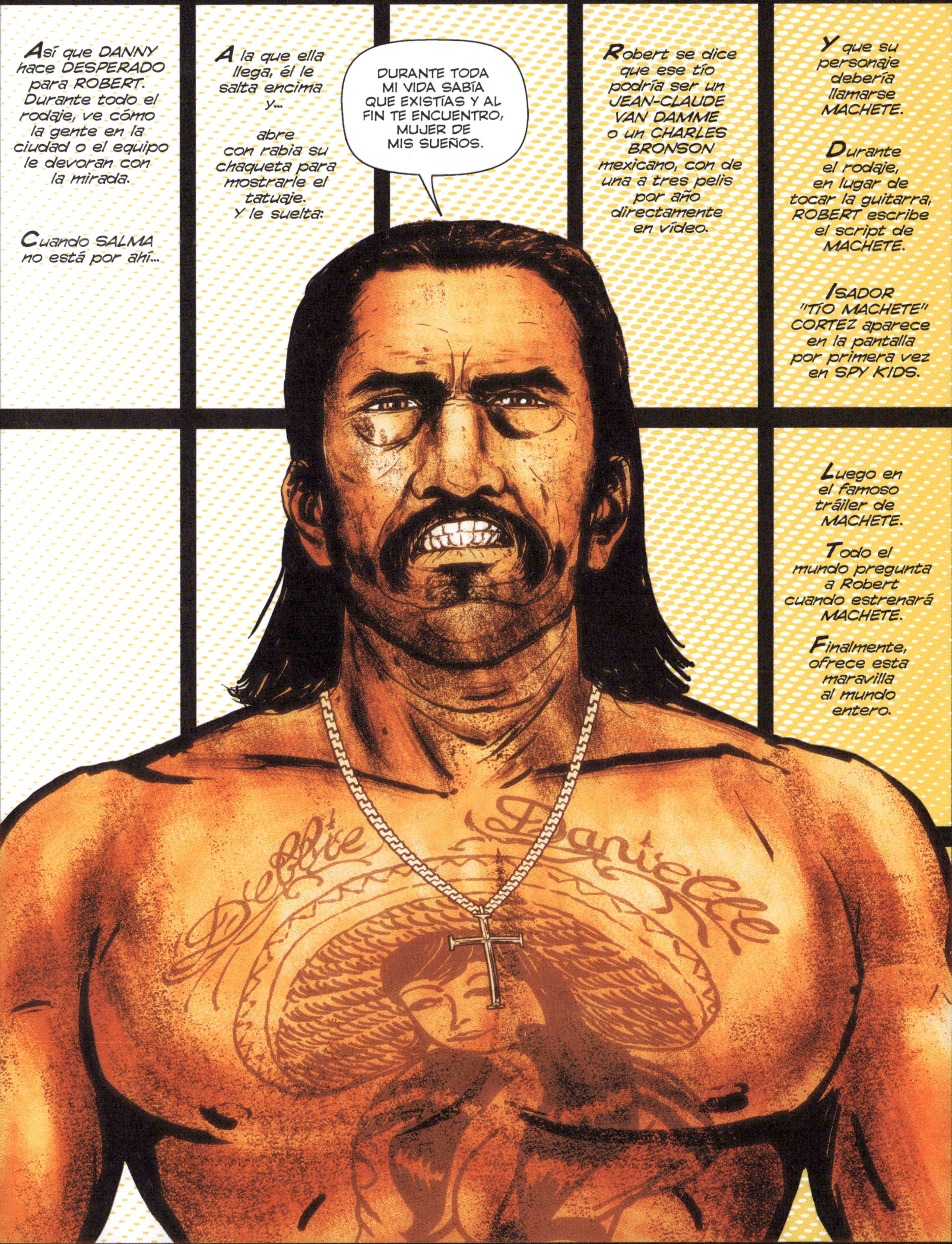
Así que DANNY hace DESPERADO para ROBERT. Durante todo el rodaje, ve cómo la gente en la ciudad o el equipo le devoran con la mirada.
Cuando SALMA no está por ahí...
A la que ella llega, él le salta encima y...
abre con rabia su chaqueta para mostrarle el tatuaje. Y le suelta:
DURANTE TODA MI VIDA SABÍA QUE EXISTÍAS Y AL FIN TE ENCUENTRO, MUJER DE MIS SUEÑOS.
Robert se dice que ese tío podría ser un JEAN-CLAUDE VAN DAMME o un CHARLES BRONSON mexicano, con de una a tres pelis por año directamente en vídeo.
Y que su personaje debería llamarse MACHETE.
Durante el rodaje, en lugar de tocar la guitarra, ROBERT escribe el script de MACHETE.
ISADOR "TÍO MACHETE" CORTEZ aparece en la pantalla por primera vez en SPY KIDS.
Luego en el famoso tráiler de MACHETE.
Todo el mundo pregunta a Robert cuando estrenará MACHETE.
Finalmente, ofrece esta maravilla al mundo entero.

LA IDEA PARA MI PELÍCULA DEATH PROOF VINO DEL HECHO QUE TENGO UN MIEDO ATROZ A PALMARLA EN UN ACCIDENTE DE TRÁFICO.
EN KILL BILL, UNO DE LOS ESPECIALISTAS ME DIJO:
CÓMPRATE EL CARRO QUE QUIERAS Y POR 15.000 $ TE LO PODEMOS HACER DEATH PROOF. (A PRUEBA DE TODO.)
PODRÁS CHOCAR CONTRA UNA PARED DE LADRILLOS SOLO PARA VER QUÉ PASA.
VAMOS A REFORZAR LA ARMADURA, CONSOLIDAR EL CHASIS, A TOPE.
Los especialistas son unos cachondos.
Esquivar a la muerte cada día les hace relativizar mucho las cosas.
Con mi mente retorcida, reflexioné sobre qué podía hacer un tarado con un coche que resiste todo tipo de impacto.
Y vi la colisión entre dos coches, filmada sin trucaje.
Old school, baby.
DEATH PROOF es la única peli en la que soy el director de fotografía.
Quise hacer como Robert y llevar la cámara.
Hacerlo en una peli de exploitation es más sencillo. Si la cagas, dices que lo has hecho a propósito.

Quería sorprender al público, que siempre espera que todo se vaya a la mierda en seguida y de verdad. Quería adormecerlos, hipnotizarlos antes de que comenzara la carnicería.
Quería saber hasta dónde podía ir solo con diálogos.
En DEATH PROOF no estaba nada mal, pero donde funcionó de maravilla fue en MALDITOS BASTARDOS.
Stuntman Mike
Contactamos con ELI ROTH y con EDWARD WRIGHT para hacer falsos tráilers. ROBERT quería uno para MACHETE.
Robert, que sabe hacer una película con 7.000 euros, gestiona el presupuesto para MACHETE de maravilla, y termina teniendo casi el 40% de la película ya hecha y suficiente material para su TRÁILER.
AME

El plan nebuloso de Robert era que, si GRINDHOUSE triunfaba, rodaría MACHETE enteramente para BLUE-RAY.

Pero la película no tuvo el éxito que se esperaba.

El concepto de los programas dobles se había olvidado desde hacía tiempo, y el público joven se largaba después de DEATH PROOF, ignorando que a continuación venía PLANET TERROR.

MIRAMAX decidió sacar cada película por separado a nivel internacional, para limitar el desastre.

Nos divertimos un montón.
Pero su película es mejor que la mía.
Él había pensado en ella mucho tiempo.
Y yo, no el suficiente.

Alucino de hasta qué punto a ROBERT se la suda. Se pone en seguida a hacer más pelis de este tipo. Ala, MACHETE. Ala, ONCE UPON A TIME IN MEXICO. Lo admiro.

Todos nos preguntamos cómo hacer que nuestras pelis se vean en la tele, y él funda su propia cadena, EL REY. Ahí me dejó frito. Bravo, RR.

Chapter Five

A Good Nazi is a Dead Nazi

« Cuando yo era joven, solo creía en 3 cosas: el Marxismo, el poder redentor del Cine y la Dinamita. Ahora ya solo creo en la Dinamita. »

- SERGIO LEONE -

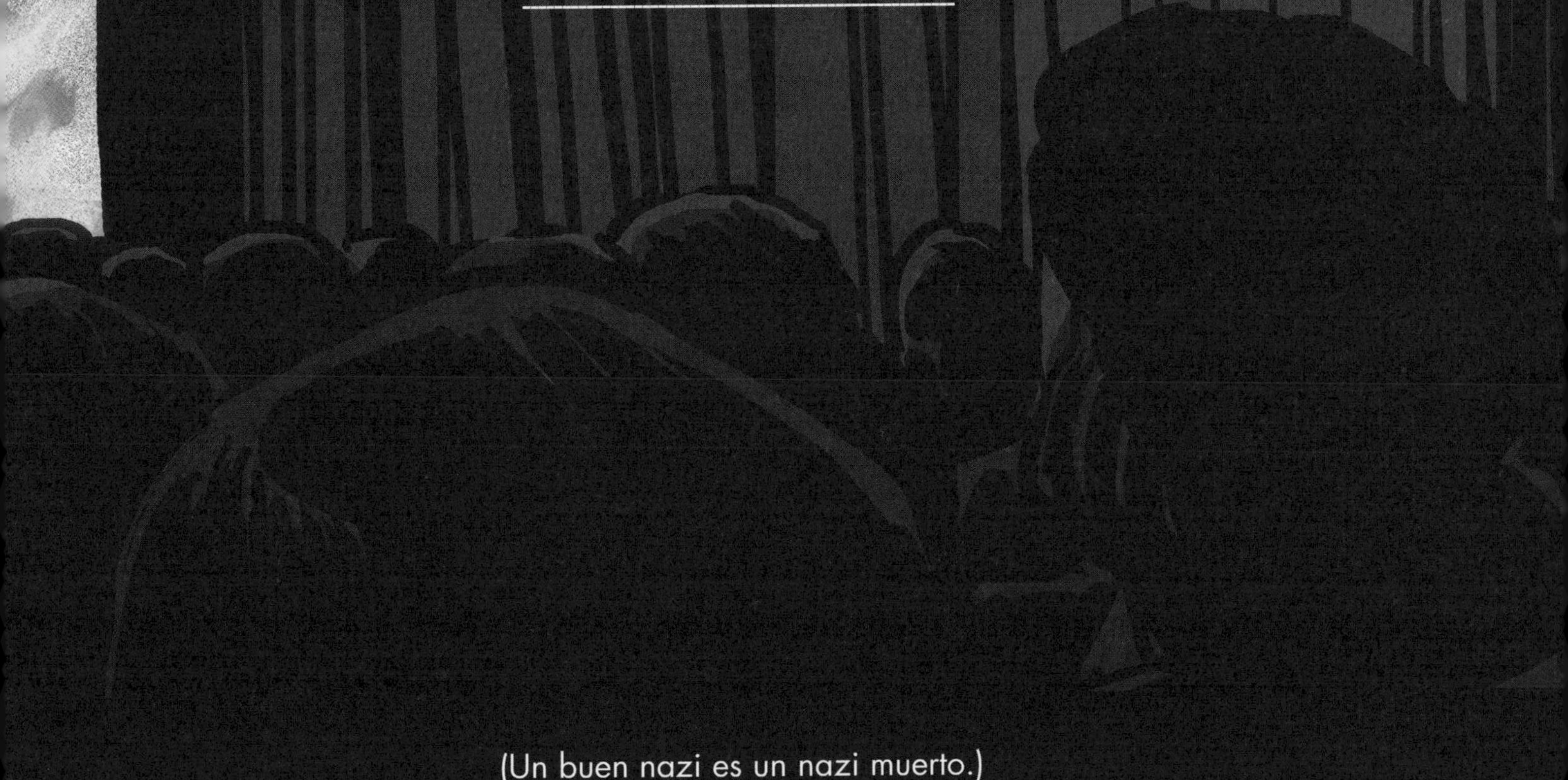

(Un buen nazi es un nazi muerto.)

CUANDO TERMINÉ EL SCRIPT DE *INGLOURIOUS BASTERDS* —SÍ, HABÍA *UN PAR DE FALTAS* EN LA CUBIERTA—, DECIDÍ DEJAR EL *TÍTULO* ASÍ. ADEMÁS, ASÍ SE DIFERENCIABA DEL DE *ENZO G. CASTELLARI, THE INGLORIOUS BASTARDS* (1978).
LA ESCENA INTRODUCTORIA ES *MI ESCENA PREFERIDA*. DENTRO DE 20 AÑOS ME CONOCERÁN EN TODAS PARTES POR ESTA ESCENA. *HANS LANDA* ES *MI MEJOR PERSONAJE DE TODOS LOS TIEMPOS*. OK, ES UN JODIDO *NAZI*. PERO AÚN TIENE MÁS *MÉRITO*...
ACABO DE *CREAR* MI PROPIO *DARTH VADER*, UN *MALVADO* TAN CARISMÁTICO QUE, AUNQUE TODOS LOS DEMÁS PERSONAJES SEAN *GATITOS CON TIRACHINAS*, LA PELÍCULA FUNCIONARÁ SI ENCUENTRO UNA MANERA CREÍBLE DE VENCERLO *AL FINAL*.
ME GUSTARÍA QUE *LEONARDO DI CAPRIO* ENCARNARA A *LANDA*. PERO SÉ QUE NECESITO A UN ACTOR ALEMÁN O A UN ACTOR QUE HABLE *ALEMÁN, FRANCÉS* E INCLUSO *ITALIANO*. *SI NO HAY LANDA, NO HAY PELÍCULA.*
INGLOURIOUS BASTERDS
Buscamos durante todo el período del CASTING. Nada. Comienzo a creer que he escrito a un personaje imposible de encarnar en pantalla. Lawrence es como un pato salvaje, está tranquilo en superficie y pedalea fuerte bajo el agua.
Aparece **CHRISTOPH WALTZ.** Es tan bueno, y en todas las lenguas.
THAT'S BINGO.
Miro a Lawrence y le digo:
CREO QUE TENEMOS *PELÍCULA.*
THANKS FUCKING GOD (GRACIAS, JODIDO DIOS).

Trabajo solo con CHRISTOPH. Incluso durante la lectura del script con todo el equipo, nadie sabe quién es.

BRAD está decepcionado por no poder actuar frente a LEONARDO DiCAPRIO.

BRAD está loco de alegría por encarnar a ALDO RAINE. Odia que se hable de su look, y de todo el jaleo mediático que lo acompaña. Brad vende millones de fotos de su hijo y entrega toda la pasta a asociaciones que ayudan a los chavales. Juega contra el sistema y gana. Como ALDO RAINE.
Le encanta interpretar a gitanos con subtítulos para Guy RITCHIE o a APACHES, para mí. Además, en mis DIRTY DOZEN, tiene el papel de LEE MARVIN. Un sueño de cuando era niño.
Le gusta la idea de la cicatriz en el cuello, se parte de risa cuando le digo cómo escapó a la horca y por qué.

Le explico que todo estará vinculado a los KILLER CROWS. Una banda de BASTERDS, tipos del 92º de infantería, compuesta exclusivamente por soldados negros. Todos están en la cárcel por haber matado a sus oficiales blancos, responsables de la muerte de varios amigos suyos.

ALDO RAINE contrata únicamente a soldados judíos para su misión: arrancar la cabellera y matar a soldados nazis para sembrar el terror.

El teniente ALDO RAINE quiere integrar a los KILLER CROWS en sus apaches. Los va a perseguir y encontrar para proponerles un trato.

La banda, que se ha rebautizado «la primera compañía de cabrones», se dirige a Suiza intentando evitar a los aliados y a los nazis.

Abrir un segundo frente de terror y hacer que esos cabrones se traguen sus teorías de raza superior, una vez que los judíos y los negros se los carguen.

De hecho, KILLER CROWS es la historia de la película de ENZO G. CASTELLARI INGLORIOUS BASTARDS (1978), de la que solo me quedo con el título.

Pero si yo hiciera KILLER CROWS, sería una especie de remake ultravitaminado.

La idea de los KILLER CROWS era tan enorme en materia de diversión, de acción, de referencias. Tenía a los mejores actores del momento.

MICHAEL K. WILLIAMS,
SAMUEL L. JACKSON,
IDRIX ELBA,
TERENCE HOWARD,
JAMIE FOXX,
ANTHONY MacKIE.

Un súmmum de rollo guay. Pero imposible meterlo en la película MALDITOS BASTARDOS.

Había escrito la miniserie MALDITOS BASTARDOS de cabo a rabo. Tenía que comenzar a entrar en producción, pero almorcé con Luc Besson y dijo que le asqueaba que yo hiciera televisión. Era uno de los únicos que le sacaba de casa para ir al cine.

Esperar cinco años para aquello, no molaba.

The Killer Crows

A veces, alguien te dice algo que no puedes dejar de oír.

Me di una última oportunidad para terminar ese jodido guion después de casi diez años con él, y encuentro mi final.

Corto una gran parte de la historia de los APACHES de ALDO RAINE, ya que SHOSANNA y LANDA tienen que estar convenientemente desarrollados.

Conservo los dos primeros capítulos que se filmarán tal como están: la introducción de LANDA y ALDO RAINE.

En cuanto a la esclavitud, necesitábamos SLAVE REVENGE*, pero para la Segunda Guerra Mundial, lo que necesitábamos era JEW REVENGE**.

Me Concentro en los BASTERDS, compuestos por soldados judíos y por SHOSANNA que, con su cine, vengará a su familia. Y a todas las demás.

Tengo que despedirme de mis KILLER CROWS. Seguramente el corte más doloroso de mi carrera.

Y la estructura de la peli ya es de una decena de largas escenas, contrariamente a las otras pelis formadas por un promedio de una treintena.

(* Venganza de esclavos.)
(** Venganza de judíos.)

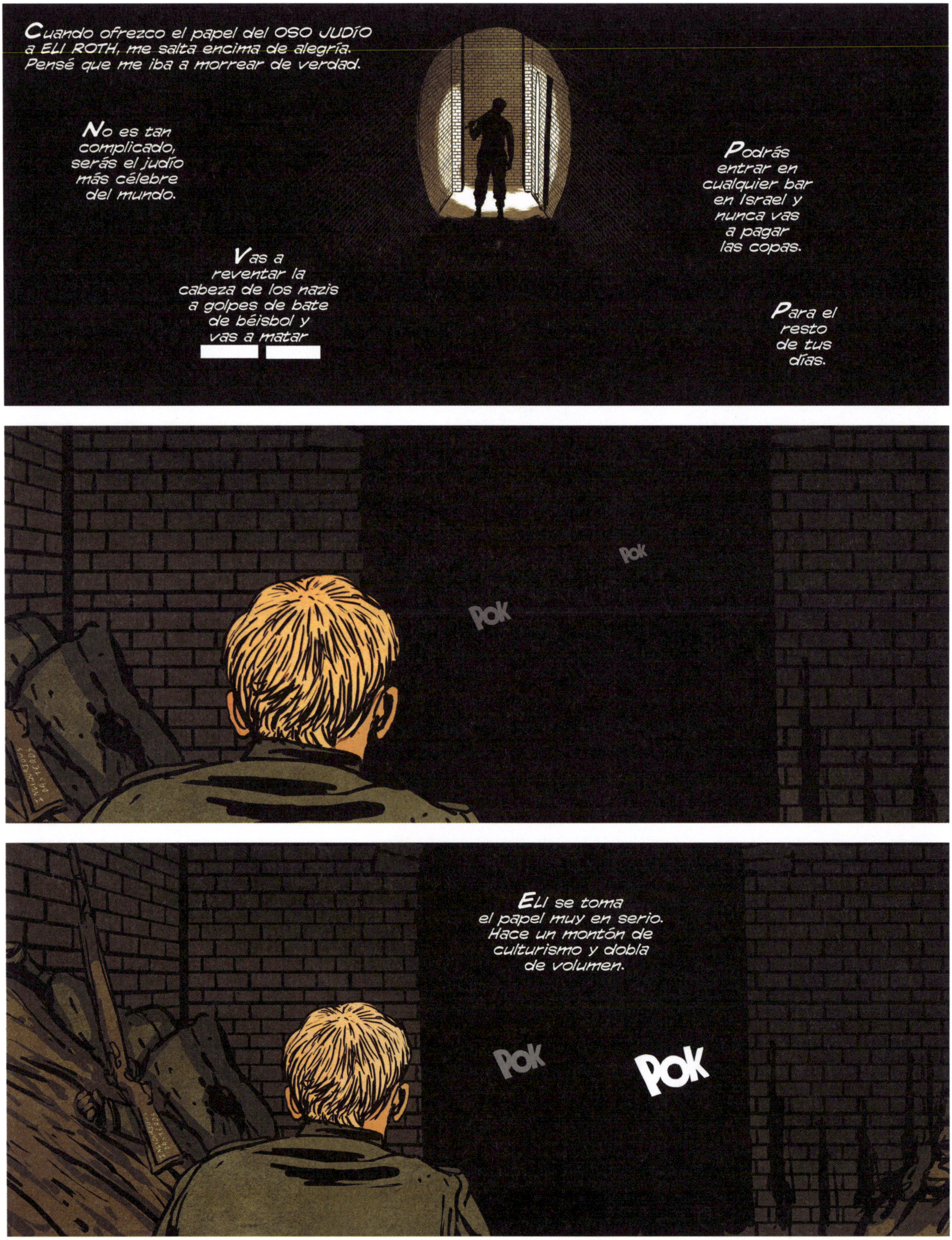
Cuando ofrezco el papel del OSO JUDÍO a ELI ROTH, me salta encima de alegría. Pensé que me iba a morrear de verdad.
No es tan complicado, serás el judío más célebre del mundo.
Vas a reventar la cabeza de los nazis a golpes de bate de béisbol y vas a matar
Podrás entrar en cualquier bar en Israel y nunca vas a pagar las copas.
Para el resto de tus días.
POK
POK
Eli se toma el papel muy en serio. Hace un montón de culturismo y dobla de volumen.
POK
POK

Vamos a filmar su escena. Saldrá del túnel y los nazis flipan por su raza.
A la que decimos «corten», sale pitando hacia sus pesas.
Lo tengo en ascuas una tarde en su túnel.
Luego dos días.
ELI está como un león en la jaula levantando pesas.
El tercer día oigo cómo le come la rabia.
Golpea las paredes con el bate de béisbol.
Está listo.
Preparo las luces y los efectos especiales.
ALDO RAINE llama al OSO JUDÍO.
Todo el mundo está excitado. ¿Qué nos hará?
POK
POK
POK
POK

דוב יהודי

Llega entonces el momento de la OPERACIÓN KINO, la noche en que EMMANUELLE MIMIEUX* será la primera pieza del dominó que llevará al fin del conflicto**.

Busco a una francesa para mi SHOSANNA, y elijo a MÉLANIE LAURENT.

Ella, como UMA, tiene la capacidad de parecer una mujer normal o bien una belleza, según su vestuario y su postura.

Yo no hablo francés, pero reconozco ese fraseado particular de las películas parisinas.

Mélanie hace chasquear las palabras con gran desprecio cuando habla con los nazis, y con una gran fuerza cuando da órdenes al colaboracionista del laboratorio.

Su cara ardiendo al final es y será una imagen poderosa de esta película.

(* EMMANUELLE como la famosa película francesa con SYLVIA KRISTEL, y MIMIEUX, como Yvette Mimieux, la actriz que actúa en THE TIME MACHINE –1960–, DARK OF THE SUN –1968 – y THE BLACK HOLE –1979.) (** Quienes la hayan visto lo saben, en cuanto a los otros, me abstengo de spoilers.)

Todos mis personajes principales están bajo el mismo techo. El coronel LANDA se encontrará con sus enemigos y, ahí, CHRISTOPH se suelta. Nadie salvo yo sabía de qué era capaz.

Todos son actores profesionales, algunos son estrellas, pero ahí todos ven que LANDA reventará la pantalla.

BRAD suelta su BAWNJORNOW como si JOHN WAYNE quisiera actuar en EL PADRINO.

Luego suelta un GORLAMI, y detrás de DIANE, con su mejor uniforme nazi, el director de THE INGLORIOUS BASTARDS (1978) se muere de risa cuando oye a mis APACHES hablando italiano.

La película se inspira ampliamente en THE INGLORIOUS BASTARDS, de ENZO G. CASTELLARI. La G es GIROLAMI, el apellido de su padre. ALDO lo masacra diciendo GORLAMI.

Su película la vi cuando era joven en la tele, e inmediatamente se había convertido en una referencia para todos nosotros. Era una película desconocida, casi tan buena como THE DIRTY DOZEN (DOCE DEL PATÍBULO).

VINIERON A REQUISARLAS TODAS. SOLO QUEDABA UNA. EL REVÓLVER DEL PRODUCTOR, QUE PRETENDÍA UTILIZAR SI EL RODAJE SE DETENÍA.
NO TUVE MÁS QUE UNA NOCHE PARA ENCONTRAR LA SOLUCIÓN.
CÓMO MATAR A DECENAS DE NAZIS. ES EL MEJOR OFICIO DEL MUNDO.
ENZO DECÍA: «CUANDO TIENES UN PROBLEMA GRAVE QUE TIENES QUE ARREGLAR PARA SALVAR TU PELI, DALE MÁS FUERTE AL COCO.
NO SOLO TIENES QUE ENCONTRAR UNA IDEA. TIENES QUE SALVAR LA PELI Y EL TRABAJO DE CIENTOS DE PERSONAS DE LAS QUE ERES TOTALMENTE RESPONSABLE."
UTILICÉ DE TODO: BALLESTAS, LANZAS, TIRACHINAS, CUERDAS, CUCHILLOS, EXPLOSIONES...
HICE FABRICAR RÉPLICAS DE MADERA Y DE PLÁSTICO DE NUESTRAS ARMAS, CON UN PETARDO EN EL CAÑÓN.
SE PODÍA VER CÓMO DISPARABAN LA PRIMERA BALA Y LUEGO YO HACÍA UN ZOOM HACIA EL MALO.
MI AYUDANTE HACÍA ESTALLAR LOS PETARDOS Y YO, BAJO LA CÁMARA, LANZABA VAINAS VACÍAS AL AIRE.

¿ACASO «YO» **SOY** UN PERSONAJE DE ***FICCIÓN***?
NO.
¿ACASO «YO» ***HAGO*** CINE?
SÍ.
¿«YO» **SOY** ***BUENO*** EN LO QUE HAGO?
OH SÍ.
¿ESTOY ***VIVO***? ¿SOY DE ORIGEN ***ITALIANO***?
QT
SÍ.
Y NO, A LA SEGUNDA.
OK, ENTONCES SOY ***YO***.
QT

Nazi Detective

(Detective nazi)

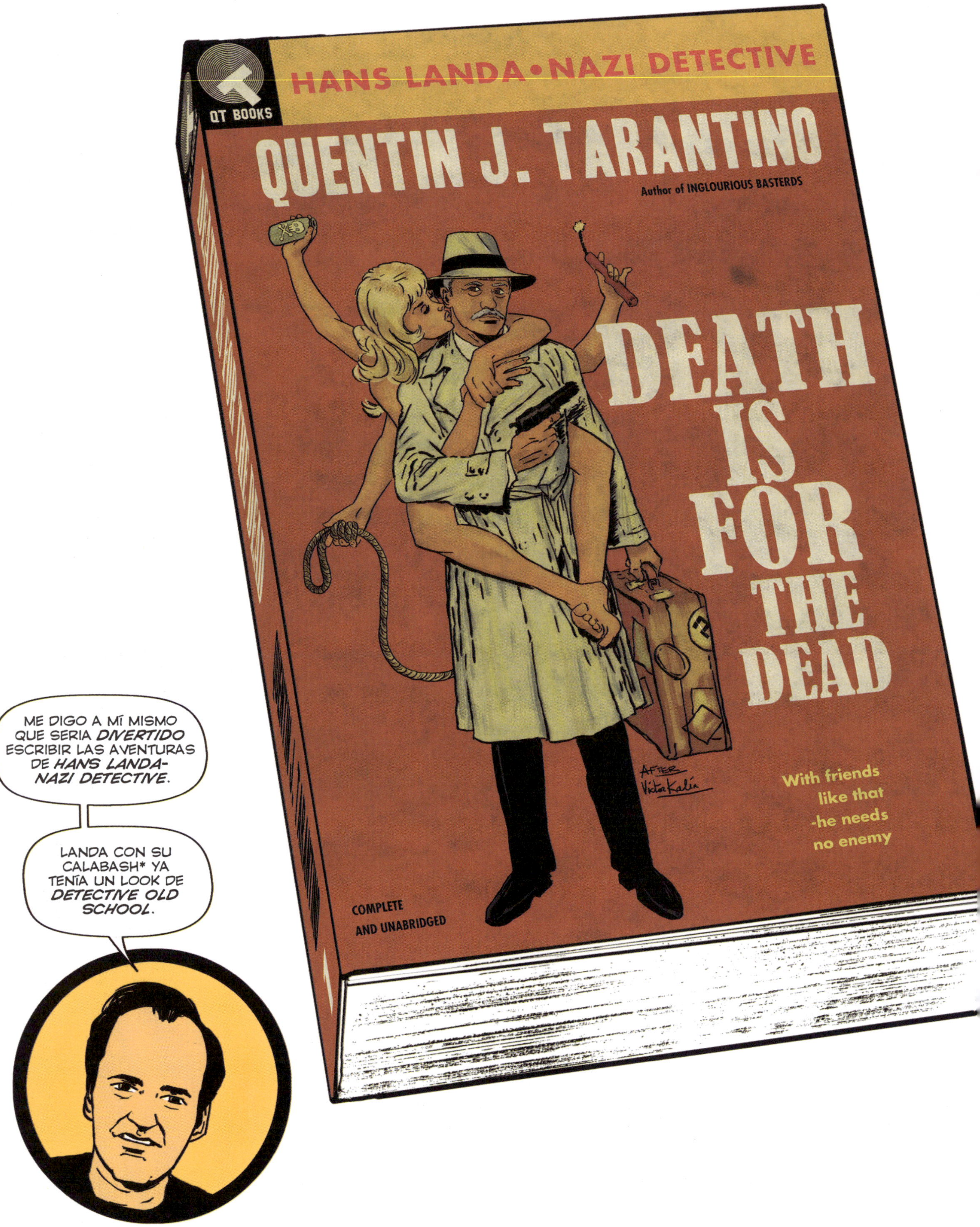

(La pipa del Coronel HANS LANDA, la misma que SHERLOCK HOLMES.)*

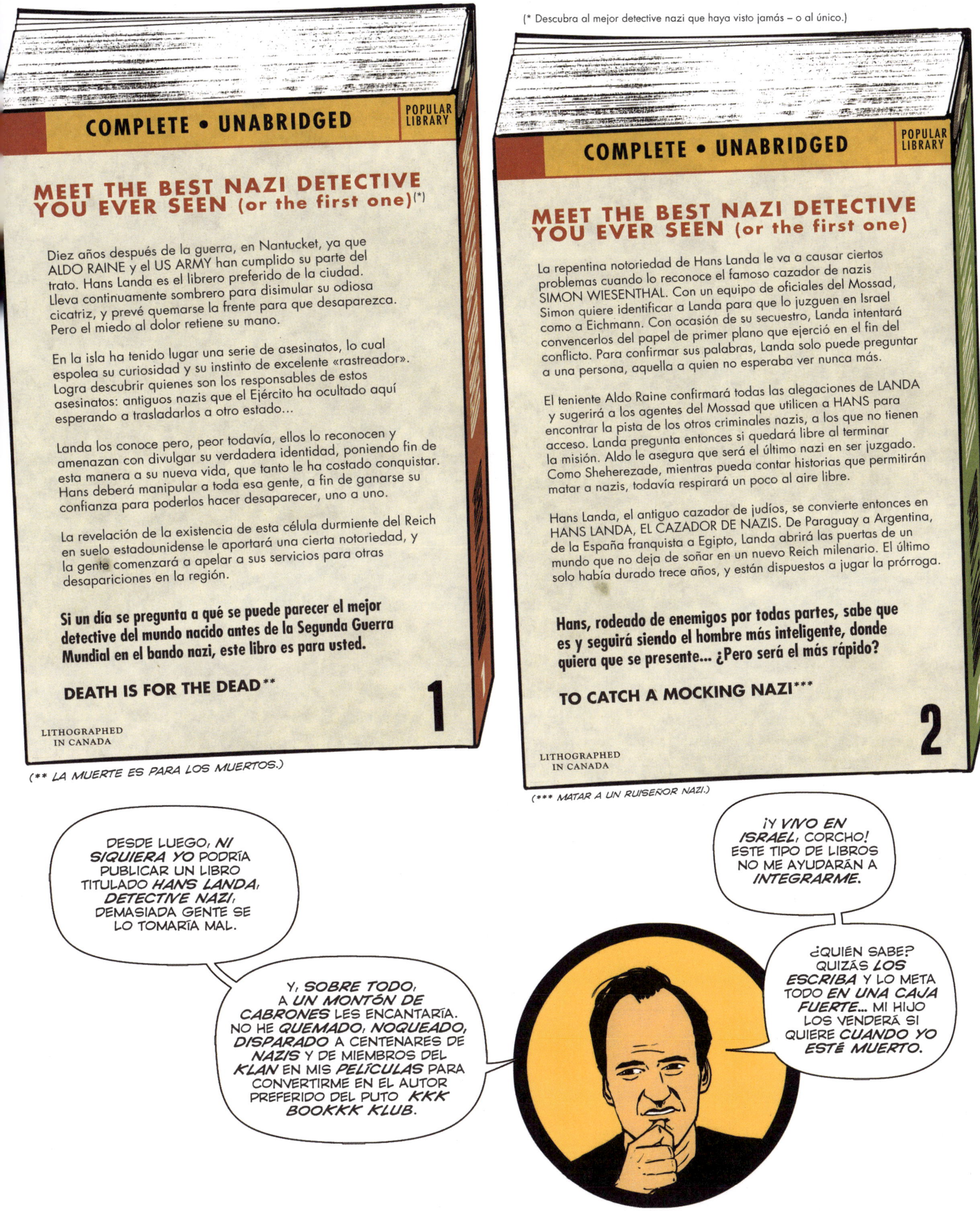
COMPLETE • UNABRIDGED
POPULAR LIBRARY
MEET THE BEST NAZI DETECTIVE YOU EVER SEEN (or the first one)(*)
Diez años después de la guerra, en Nantucket, ya que ALDO RAINE y el US ARMY han cumplido su parte del trato. Hans Landa es el librero preferido de la ciudad. Lleva continuamente sombrero para disimular su odiosa cicatriz, y prevé quemarse la frente para que desaparezca. Pero el miedo al dolor retiene su mano.
En la isla ha tenido lugar una serie de asesinatos, lo cual espolea su curiosidad y su instinto de excelente «rastreador». Logra descubrir quienes son los responsables de estos asesinatos: antiguos nazis que el Ejército ha ocultado aquí esperando a trasladarlos a otro estado...
Landa los conoce pero, peor todavía, ellos lo reconocen y amenazan con divulgar su verdadera identidad, poniendo fin de esta manera a su nueva vida, que tanto le ha costado conquistar. Hans deberá manipular a toda esa gente, a fin de ganarse su confianza para poderlos hacer desaparecer, uno a uno.
La revelación de la existencia de esta célula durmiente del Reich en suelo estadounidense le aportará una cierta notoriedad, y la gente comenzará a apelar a sus servicios para otras desapariciones en la región.
Si un día se pregunta a qué se puede parecer el mejor detective del mundo nacido antes de la Segunda Guerra Mundial en el bando nazi, este libro es para usted.
DEATH IS FOR THE DEAD**
1
LITHOGRAPHED IN CANADA
(** LA MUERTE ES PARA LOS MUERTOS.)
(* Descubra al mejor detective nazi que haya visto jamás – o al único.)
COMPLETE • UNABRIDGED
POPULAR LIBRARY
MEET THE BEST NAZI DETECTIVE YOU EVER SEEN (or the first one)
La repentina notoriedad de Hans Landa le va a causar ciertos problemas cuando lo reconoce el famoso cazador de nazis SIMON WIESENTHAL. Con un equipo de oficiales del Mossad, Simon quiere identificar a Landa para que lo juzguen en Israel como a Eichmann. Con ocasión de su secuestro, Landa intentará convencerlos del papel de primer plano que ejerció en el fin del conflicto. Para confirmar sus palabras, Landa solo puede preguntar a una persona, aquella a quien no esperaba ver nunca más.
El teniente Aldo Raine confirmará todas las alegaciones de LANDA y sugerirá a los agentes del Mossad que utilicen a HANS para encontrar la pista de los otros criminales nazis, a los que no tienen acceso. Landa pregunta entonces si quedará libre al terminar la misión. Aldo le asegura que será el último nazi en ser juzgado. Como Sheherezade, mientras pueda contar historias que permitirán matar a nazis, todavía respirará un poco al aire libre.
Hans Landa, el antiguo cazador de judíos, se convierte entonces en HANS LANDA, EL CAZADOR DE NAZIS. De Paraguay a Argentina, de la España franquista a Egipto, Landa abrirá las puertas de un mundo que no deja de soñar en un nuevo Reich milenario. El último solo había durado trece años, y están dispuestos a jugar la prórroga.
Hans, rodeado de enemigos por todas partes, sabe que es y seguirá siendo el hombre más inteligente, donde quiera que se presente... ¿Pero será el más rápido?
TO CATCH A MOCKING NAZI***
2
LITHOGRAPHED IN CANADA
(*** MATAR A UN RUISEÑOR NAZI.)
DESDE LUEGO, NI SIQUIERA YO PODRÍA PUBLICAR UN LIBRO TITULADO HANS LANDA, DETECTIVE NAZI. DEMASIADA GENTE SE LO TOMARÍA MAL.
Y, SOBRE TODO, A UN MONTÓN DE CABRONES LES ENCANTARÍA. NO HE QUEMADO, NOQUEADO, DISPARADO A CENTENARES DE NAZIS Y DE MIEMBROS DEL KLAN EN MIS PELÍCULAS PARA CONVERTIRME EN EL AUTOR PREFERIDO DEL PUTO KKK BOOKKK KLUB.
¡Y VIVO EN ISRAEL, CORCHO! ESTE TIPO DE LIBROS NO ME AYUDARÁN A INTEGRARME.
¿QUIÉN SABE? QUIZÁS LOS ESCRIBA Y LO META TODO EN UNA CAJA FUERTE... MI HIJO LOS VENDERÁ SI QUIERE CUANDO YO ESTÉ MUERTO.

APRECIO PARTICULARMENTE ESTA PELÍCULA, PORQUE ES LA QUE ME HIZO ENTRAR DEFINITIVAMENTE EN EL CÍRCULO MUY CERRADO DE LOS REALIZADORES MÁS GRANDES.
HABÍA PUESTO MI TÍTULO EN JUEGO, COMO CAMPEÓN INDISCUTIBLE DEL CINE DE GÉNERO (DE LUJO), PARA CONVERTIRME EN UN AUTOR CON TODAS LAS LETRAS.
LOS PROFESIONALES NECESITARON MÁS TIEMPO QUE EL PÚBLICO PARA DARSE CUENTA, PERO AL FIN Y AL CABO, LO IMPORTANTE ES LA REVELACIÓN FINAL.
MIS PELÍCULAS RECAUDAN DINERO, POR LO QUE INCLUSO LOS MÁS CEPORROS ENTRE LOS CONTABLES DE PASTA HAN COMPRENDIDO QUE MI ARTE GUSTA Y TIENE UN VALOR.
PERO LO QUE SUCEDERÁ TRAS EL ESTRENO CAMBIARÁ MI VIDA... PARA SIEMPRE.

Me invitan a una proyección en Israel.
Me digo que todo irá como una seda. Si hay un país donde mi película gustará, es este.
Todo funciona tan bien que conozco a una joven encantadora Daniella Pick.
Durante un buen rato, no nos separamos, pero ella sabe que mi arte pasará siempre por delante de mi deseo de fundar una familia.
NO QUIERO CASARME NI TENER UNA FAMILIA MIENTRAS TODAVÍA ESTÉ HACIENDO PELÍCULAS.
¿CUÁNTAS TIENES TODAVÍA EN TU SÚPER LISTA?
DIGAMOS QUE 4..., O SOLO 3. SI LA SIGUIENTE ES TAN BUENA COMO CREO QUE SERÁ.
BYE.

La promoción japonesa de MALDITOS BASTARDOS ha terminado, al fin puedo pasearme por sus increíbles tiendas de discos.

En una de ellas veo la mayor sección de música de pelis de SPAGHETTI WESTERNS que he visto jamás

ENNIO MORRICONE, RIZ ORTOLANI, LUIS BACALOV. Era como Navidad en pleno verano

Con la bolsa llena de discos, me compro un tocadiscos y corro al hotel a escucharlos.

Recuerdo el libro que quería escribir sobre mi segundo director italiano favorito, el gran SERGIO CORBUCCI.*

(DJANGO, con FRANCO NERO – 1966.)*

De repente, la idea. ¿Y si escribo un DJANGO unos años antes de la guerra civil? Todo el universo del western cambiará si el personaje principal es un esclavo negro antes del fin de la esclavitud.

Busco el número exacto de westerns que han tratado realmente este tema. Calculo que son cinco, el mío será el seis.

No quepo en mí de gozo. Sé que, si voy a fondo, voy a joder a quienes lo merecen, que todos los demás me ensalzarán.

Como en MALDITOS BASTARDOS, mi trabajo hará justicia a los oprimidos, a las víctimas de la historia.

(RAÍCES en castellano, una serie de televisión adaptada de una novela de Alex Haley, donde seguimos a varias generaciones de esclavos.)*

Nuestro tipo tiene al fin el LÁTIGO en la mano. A todos se nos humedecen las palmas, viéndolo.

Nos decimos: ya está, ya comienza la cosa en serio.

Pues no, va y azota el suelo a los pies del cabrón. ¡M███a! ¡No es posible!

Porque esto significaría que es tan malo como él.

Menuda gilipollez de moral...

Mi[illegible] pensaba tomármelo con calma unos días, no llevo mis cuadernos, ni los rotuladores negros y rojos.

De repente, comienzo a escribir la escena de introducción de DJANGO DESENCADENADO en un cuaderno de papel de cartas del hotel.

Por la noche ya tengo mi primera escena. Que se rodará tal cual.

Salto de alegría porque sé que voy a rodar mi primer WESTERN.

Pero el camino no ha sido fácil.

N-WORD
BLACK LIVES MATTER
B
HAY UN CIERTO NÚMERO DE PERSONAS QUE CONOZCO Y CON LAS QUE HE TRABAJADO... QUE SE HAN QUEJADO POR TU UTILIZACIÓN ABUSIVA DE LA PALABRA .
OK, OK, COMPRENDO, OFENDE A LA GENTE; PERO TAMPOCO HACE FALTA SOLTAR CHORRADAS
VAMOS A PLANTEAR TRANQUILAMENTE ESTE TEMA DESDE EL PUNTO DE VISTA DE LA CREACIÓN ARTÍSTICA. PORQUE YO SOLO HAGO PELÍCULAS. NO VOY A PARAR A LA GENTE QUE VA EN COCHE Y TRATARLOS DE .
NO SOY UN POLI.
LOVE FILM

QUIERO DAR UNA LECCIÓN DE CINE.
¡LAS PALABRAS PRONUNCIADAS EN LAS PELÍCULAS NO SON EL REFLEJO DE LA OPINIÓN DE LOS DIRECTORES!
PRESENTAR A UN PUTO NAZI O A UN ESCLAVISTA EN MIS PELÍCULAS ¡NO SIGNIFICA QUE ESTÉ HABLANDO YO! MARTY NO ES LA MAFIA Y LUCAS NO ES UN JEDI.
ES FICCIÓN. PERO ESCRIBO ESTA FICCIÓN CON EL MÁXIMO DE REALISMO Y DE HONESTIDAD.
SI UN PERSONAJE, POR MAQUIAVÉLICO QUE SEA, PRONUNCIA UNA PERORATA, LO SITUARÉ EN EL CENTRO DE LA ATENCIÓN. DESVELARÁ EL FONDO DE SU PENSAMIENTO, POR REPUGNANTE QUE SEA. AL DESVELARLO, PUEDES PILLAR MEJOR POR QUÉ ESTA GENTE RETORCIDA SIEMPRE SE EQUIVOCA.
¿CÓMO PIENSAS QUE HABLA EL SEÑOR CANDIE A LOS NEGROS EN 1859? PARA ÉL, APENAS SON MUEBLES, LES LLAMA ██████, Y A SU ALREDEDOR, TODO EL MUNDO LOS LLAMA ██████. NI SIQUIERA NECESITABAN CONOCER SUS NOMBRES, TODOS ERAN ██████ PARA ELLOS.
YO NO HE INVENTADO ESTE TÉRMINO. NO ME GUSTA ESTE TÉRMINO, PERO LO HE OÍDO LO BASTANTE EN LA BOCA DE LOS NEGROS A MI ALREDEDOR TODA MI VIDA COMO PARA COMPRENDER SU VERDADERO SIGNIFICADO..
¿ACASO TENGO QUE ESCRIBIR A UN ESCLAVISTA AMABLE PARA NO OFENDER VUESTROS PRECIOSOS OÍDOS, QUE SE ESCANDALIZAN MÁS POR UNA PALABRA QUE POR EL HECHO DE QUE ESTOS MILLONES DE AFRICANOS ENRIQUECIERON ESTE PAÍS CON SU SUFRIMIENTO?
ESTA PALABRA DEBE SER UN LATIGAZO.
VUESTROS CASTOS OÍDOS SIEMPRE SUFRIRÁN MENOS QUE TODAS LAS ESPALDAS QUE RECIBIERON AUTÉNTICOS LATIGAZOS.
KERRY WASHINGTON (QUE ENCARNA A BROOMHILDA VON SHAFT) QUERÍA SER LO MÁS REALISTA POSIBLE EN LA PANTALLA E INSISTIÓ PARA QUE LA AZOTARAN DE VERDAD. ¿HAS VISTO SU CARA EN LA PELÍCULA? AQUELLO NO ES UN MASAJE CON FANGO.
ASÍ QUE, ID A LEER UN LIBRO DE HISTORIA O IROS A TOMAR POR SACO.
SÍ, YA SÉ, ME SULFURO, PERO, JODER. PARAD YA DE DECIR GILIPOLLECES.

¿Y CREES QUE SI QT UTILIZARA LA PALABRA DE CUALQUIER MANERA, YO SE LO PERMITIRÍA?
CUANDO ESCRIBE UN PERSONAJE QUE DICE LA PALABRA TANTAS VECES COMO ORDELL ROBBIE EN JACKIE BROWN, ES PORQUE HABLA ASÍ CONOZCO A ESOS TIPOS, QT TAMBIÉN HA VIVIDO Y CRECIDO CON ELLOS.
QT SABE CÓMO HABLAN, Y NO ME HE EQUIVOCADO INTERPRETÁNDOLOS ASÍ.
DE HECHO, HE TOMADO PARTIDO A SU FAVOR CONTRA SPIKE LEE.
ES LÁSTIMA QUE SPIKE NO HAYA VENIDO A HABLAR DE ELLO CON ÉL. HABRÍAN PODIDO ACLARAR EL TEMA Y LO HABRÍA ENTENDIDO AL FINAL. ES ALGUIEN MUY INTELIGENTE.
NO SE REBOTARÁ CON DOCE AÑOS DE ESCLAVITUD, DONDE UN PALURDO CANTA UNA CANCIÓN EN LA QUE LA PALABRA SE UTILIZA NON STOP DURANTE 2 MINUTOS.
I'M NOT LAURENCE FISHBURNE
SAY WHAT AGAIN

ASÍ QUE STEVE McQUEEN (AH, SIEMPRE ME PARECE RARO DECIR SU NOMBRE...) PUEDE UTILIZAR ESTA PALABRA PORQUE HACE UNA PELÍCULA SERIA, PERO QT, QUE OFRECE ALEGRÍA A LA GENTE DÁNDOLES LECCIONES DE HISTORIA AMERICANA, NO PUEDE.
SHIIIIIIIIIEEEEEET ! (CLAY DAVIS EN THE WIRE.)
POR EL PAPEL DE STEVEN, VOY A GANAR NAACP* IMAGE AWARD FOR OUTSTANDING SUPPORTING ROLE IN A MOTION PICTURE**, MOTHER F.
(* NAACP – The National Association of the Advancement of the Colored People.)
(** Premio IMAGE por un increíble papel secundario en una película.)
DROP MIC

Envío el script a SAMUEL. Me llama ipso facto.
HEY QUINT, QUE GUAY, ¿QUÉ QUIERES QUE HAGA?
Sé que sabe que es demasiado viejo para DJANGO, pero no se lo puedo decir así.
LEE EL PAPEL DE STEVEN.
¿QUIERES QUE ENCARNE AL █████R MÁS ASQUEROSO DE LA HISTORIA DEL CINE?
SÍ.
ALGÚN PROBLEMA, SAM?
NO, VAMOS ALLÁ.
HE ENCARNADO A STEVEN Y TODO EL MUNDO ESTABA HORRORIZADO.
PERO SI SUPIERAN QUE QUINT CORTÓ UN MONTÓN DE MIS ESCENAS AÚN MÁS HORRIBLES.
TE VAN A LINCHAR SI MANTENGO TODAS TUS ESCENAS, NO LO PUEDO PERMITIR
PERO LAS HAS ESCRITO, MOTHER F█████.
PUES, SÍ, QUÉ VACILE, NO?

¿CÓMO PODRÍA SER RACISTA QT?
¿PORQUE MIS PERSONAJES DICEN N DE VEZ EN CUANDO?
SI TE FIJAS BIEN TE DAS CUENTA, DE QUE EN CADA PELÍCULA MI PERSONAJE SIEMPRE ES EL MAS LISTO.
EL QUE VE MEJOR LAS COSAS, EL QUE HACE AVANZAR LAS COSAS.
ME FASTIDIABA UN POCO SER 15 AÑOS DEMASIADO VIEJO PARA ENCARNAR A DJANGO. ASÍ QUE HACER SUFRIR AL TIPO QUE TIENE MI PAPEL ERA DIVERTIDO. Y ESTABA TAN BIEN ESCRITO QUE ENCARNAR AL «DICK CHANEY» DE CANDYLAND, EL TÍO QUE ESTÁ TRAS EL TRONO, SÍ, ERA LA PERA.

BUSCO A MI DJANGO, REDUZCO LA LISTA A TRES NOMBRES.
WILL SMITH, JAMIE FOXX Y MICHAEL K. WILLIAMS
"DJANGO UNCHAINED"
written and directed by Quentin Tarantino
Last Draft April 26th 2011
WILL SMITH NO QUIERE, PIENSA QUE DJANGO NO TIENE SUFICIENTES DIÁLOGOS. PARA ÉL, LA PELÍCULA TENDRÍA QUE TITULARSE SCHULTZ.
WILL QUIERE SER QUIEN MATE AL MALO. NO ENTIENDE LA PELÍCULA. PEOR PARA ÉL.
MICHAEL K. WILLIAMS lleva toda la miseria del mundo en la cara. Es un actor excelente. OMAR LITTLE es uno de mis personajes preferidos de la tele de las 2 últimas décadas.
Tengo muchas dudas, pero JAMIE FOXX viene de TEXAS, tiene un rancho y posee su propio caballo, que de hecho actuará en la peli.
Quiero hacer la película en orden cronológico. Rodamos la secuencia inicial y DOC SCHULTZ viene a interrumpir su marcha de esclavos.
JAMIE FOXX está con demasiada confianza, es demasiado "JAMIE FOXX". No quiero fastidiarle delante de todos. Vamos a su camerino.
¿ME ESTÁS TOMANDO EL PELO? ¿QUÉ SON ESTAS GILIPOLLECES?
¿QUÉ...?
¿DÓNDE TE CREES QUE ESTÁS? ESTO NO ES UN CLIP, NO ESTÁS BAJANDO DE TU 4X4 CON LLANTAS QUE VALEN MÁS QUE TU P TRÁILER.
ERES UN ESCLAVO. TIENES QUE MIRAR AL SUELO, Y CERRAR EL PICO.
APENAS SABES LEER, TE HAN BIRLADO A TU MUJER Y TE VAN A VENDER COMO UN ANIMAL. COMO UN ANIMAL.
PERO DE MOMENTO, Y DURANTE VARIAS SEMANAS, TIENES QUE APAGAR A JAMIE FOXX Y MOSTRARNOS A QUÉ SE PARECE SER UN MUEBLE PARA ESTOS CABRONES RACISTAS.
DESDE LUEGO, ERES EL HÉROE DE LA PELI. Y VAS A REVENTARLES LOS HUEVOS. VAS A ARRUINAR A SU MADRE Y VAS A RECUPERAR A TU MUJER.
SI NO ERES CAPAZ DE HACERLO, ME LO DICES EN SEGUIDA. CAMBIO EL FINAL Y VOY A BUSCAR A WILL SMITH.
VALE, TRANQUI. PUEDO HACERLO
Desde luego, no iba a reescribir el final para Will. Sabía que la cosa funcionaría. JAMIE estuvo increíble.
Y nos hemos divertido como locos, es el tipo más gracioso que he encontrado jamás..

DJANGO
UNCHAINED
JAMIE FOXX
CHRISTOPH WALTZ
UN FILM DI
QUENTIN TARANTINO
EASTMANCOLOR
WIDESCREEN

Bueno, la cosa ha llevado su tiempo, pero hemos encontrado una peli para hacer con LEO. El racismo del personaje era un poco excesivo para él. Básicamente, se le paga para decir N■■■■ todo el día. Y no solo bajo la ducha, o dentro del coche, Nooooon. Frente a JAMIE FOXX, KERRY WASHINGTON y al lado de SAM JACKSON.
Lo he tranquilizado diciéndole que REGINALD HUDLING era nuestro productor.
Pero fue SAMUEL quien insistió más.
LEO
MMM... ME MOLESTA UN POCO DECIR TODO ESTO...
OH, ¿PERO POR QUÉ? ¿CREES QUE EN AQUELLA ÉPOCA SE MANDABAN FLORES?
TODO EL MUNDO ACTÚA COMO SI AQUELLO NO HUBIERA EXISTIDO DURANTE MUCHO TIEMPO. PERO AHORA, LOS BLANCOS ESTÁN ACOJONADOS CUANDO VEN LO QUE HICIERON SUS TATARA-TATARA-TATARA-ABUELOS.
PARA NOSOTROS, TOTAL ES UN LUNES COMO LOS OTROS.
MOTHER F■■■■, HAZ TU TRABAJO, RECITA TU TEXTO NADIE TE LO VA A REPROCHAR

LEO se entregó a fondo. Tan a fondo que golpeó la mesa violentamente, rompió un platito y se abrió la mano.
Profesional total, siguió con la escena. Está en la película. Fue genial.
Queríamos ir corriendo a urgencias para que lo cosieran, pero tuvo la idea de manchar la cara de KERRY WASHINGTON (BROOMHILDA) con su sangre.
KERRY estaba de acuerdo, lo hicimos rápido. Y LEO tuvo sus siete puntos de sutura.
LA IDEA MISMA QUE LEO NO TUVIERA UN OSCAR POR ESTE PAPEL MUESTRA A LA PERFECCIÓN QUE ES UNA GILIPOLLEZ.
LEO TUVO QUE ESPERAR A QUE UN OSO LE PILLARA EL CULO CON IÑÁRRITU PARA HACERSE CON SU HOMBRECILLO DORADO.

HABLEMOS DE LA...
VIOLENCIA
AH, ESA COSA QUE HE INVENTADO PARA QUE EL PÚBLICO NO SE ABURRA EN MIS PELÍCULAS.
ME DECLARO CULPABLE, SU SEÑORÍA.
PERO TÚ NO HAS INVENTADO LA VIOLENCIA. NI EN EL CINE NI EN LA VIDA.
¿AH, NO? ENTONCES POR QUÉ SACAN EL TEMA CADA VEZ?
¿SABES QUÉ? LEÍA UNA ENTREVISTA DE SAM PECKINPAH EN PLAYBOY, DE 1972. AL BUENO DE SAM LE HACÍAN LAS MISMAS PREGUNTAS QUE A MÍ. "¿POR QUÉ LA VIOLENCIA?"
PERO NO TUVO LA SUERTE DE QUE LO ENTREVISTARA JAN, EN DIRECTO.
QUENTIN TARANTINO, WHY ARE YOUR MOVIES SO VIOLENT?*
BECAUSE.
QUENTIN TARANTINO
KRON STUDIO
NEW YORK
(* QUENTIN TARANTINO, ¿POR QUÉ SUS PELÍCULAS SON TAN VIOLENTAS? PORQUE...)
IT'S SO MUCH.
FUN, JAN!**
(** ¡...ES TAN.... DIVERTIDO, JAN!)
QUENTIN TARANTINO
KRON STUDIO
NEW YORK

THE PERFECT SCORE
(La banda sonora perfecta.)
¿Cómo obtenerla? Es lo que Kubrick había preguntado a Leone después de ver ONCE UPON A TIME IN THE WEST.
(ÉRASE UNA VEZ EN EL OESTE – 1968.)
¿CÓMO CONSIGUIÓ USTED ESTA ALIANZA PERFECTA ENTRE MÚSICA E IMAGEN?
HICE QUE ESCRIBIERAN LA MÚSICA PRIMERO.
Y AYUDA MUCHO QUE QUIEN LA ESCRIBE SEA ENNIO MORRICONE.
STANLEY KUBRICK
SERGIO LEONE

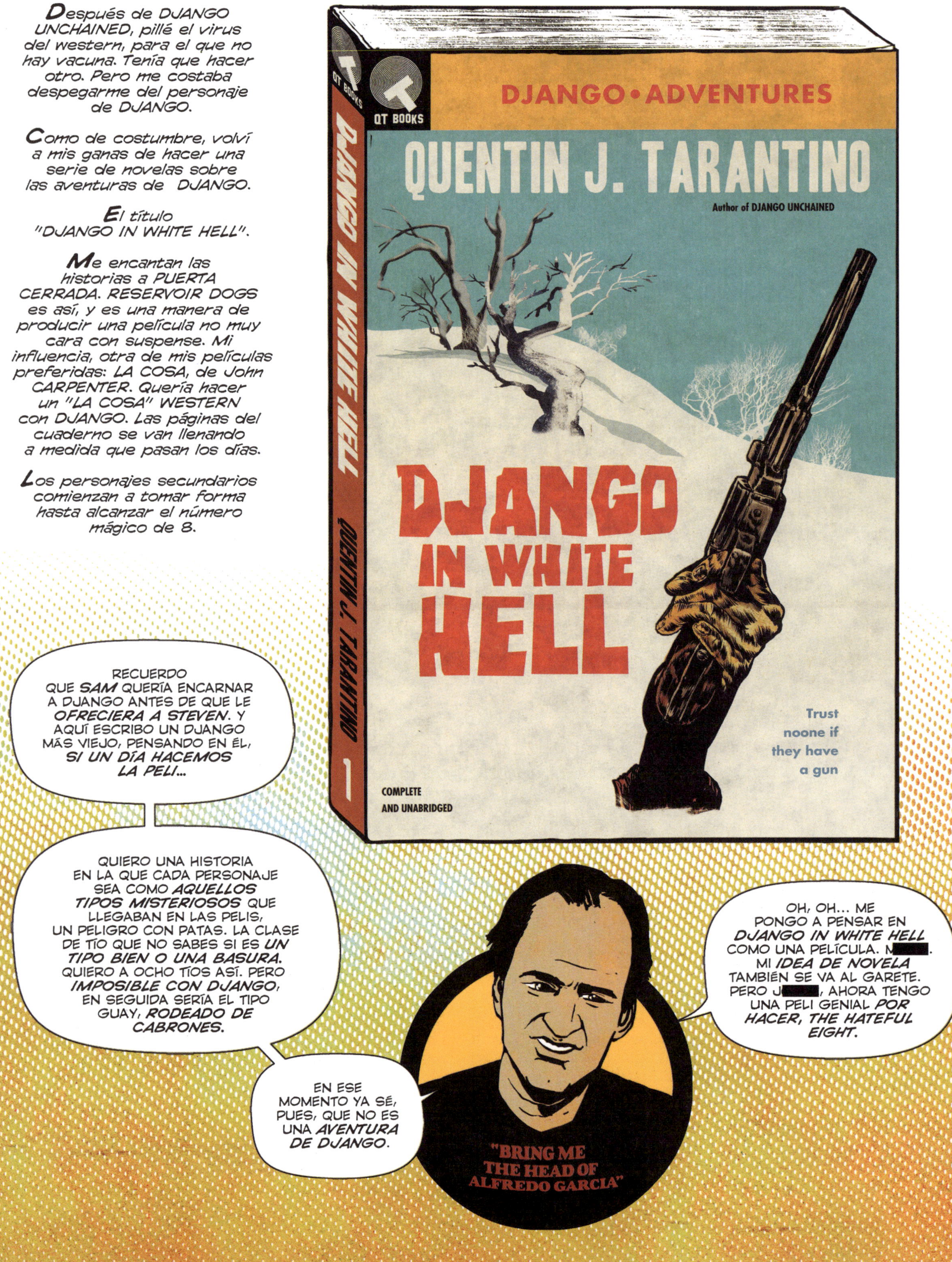
Después de DJANGO UNCHAINED, pillé el virus del western, para el que no hay vacuna. Tenía que hacer otro. Pero me costaba despegarme del personaje de DJANGO.
Como de costumbre, volví a mis ganas de hacer una serie de novelas sobre las aventuras de DJANGO.
El título "DJANGO IN WHITE HELL".
Me encantan las historias a PUERTA CERRADA. RESERVOIR DOGS es así, y es una manera de producir una película no muy cara con suspense. Mi influencia, otra de mis películas preferidas: LA COSA, de John CARPENTER. Quería hacer un "LA COSA" WESTERN con DJANGO. Las páginas del cuaderno se van llenando a medida que pasan los días.
Los personajes secundarios comienzan a tomar forma hasta alcanzar el número mágico de 8.
QT BOOKS
DJANGO • ADVENTURES
QUENTIN J. TARANTINO
Author of DJANGO UNCHAINED
DJANGO IN WHITE HELL
Trust noone if they have a gun
COMPLETE AND UNABRIDGED
DJANGO IN WHITE HELL
QUENTIN J. TARANTINO
1
RECUERDO QUE SAM QUERÍA ENCARNAR A DJANGO ANTES DE QUE LE OFRECIERA A STEVEN. Y AQUÍ ESCRIBO UN DJANGO MÁS VIEJO, PENSANDO EN ÉL, SI UN DÍA HACEMOS LA PELI...
QUIERO UNA HISTORIA EN LA QUE CADA PERSONAJE SEA COMO AQUELLOS TIPOS MISTERIOSOS QUE LLEGABAN EN LAS PELIS, UN PELIGRO CON PATAS. LA CLASE DE TÍO QUE NO SABES SI ES UN TIPO BIEN O UNA BASURA. QUIERO A OCHO TÍOS ASÍ. PERO IMPOSIBLE CON DJANGO, EN SEGUIDA SERÍA EL TIPO GUAY, RODEADO DE CABRONES.
EN ESE MOMENTO YA SÉ, PUES, QUE NO ES UNA AVENTURA DE DJANGO.
OH, OH... ME PONGO A PENSAR EN DJANGO IN WHITE HELL COMO UNA PELÍCULA. M█████. MI IDEA DE NOVELA TAMBIÉN SE VA AL GARETE. PERO J█████, AHORA TENGO UNA PELI GENIAL POR HACER, THE HATEFUL EIGHT.
"BRING ME THE HEAD OF ALFREDO GARCIA"

THE LEAK

(La huida)

El script de THE HATEFUL 8 (LOS ODIOSOS OCHO) está acabado por fin.

Quiero que mis actores lo lean, los que conozco y en quienes tengo toda confianza.

Pero el script se filtra a ese j internet.

Me lo tomo muy muy mal.

Incluso me coge un telele y acuso una tras otra a las personas más cercanas de mi entorno.

Me niego a hacer la película.

Me habéis querido joder OK. "SAY HELLO TO MY LITTLE FRIEND."

¡Os negaré mi genio!

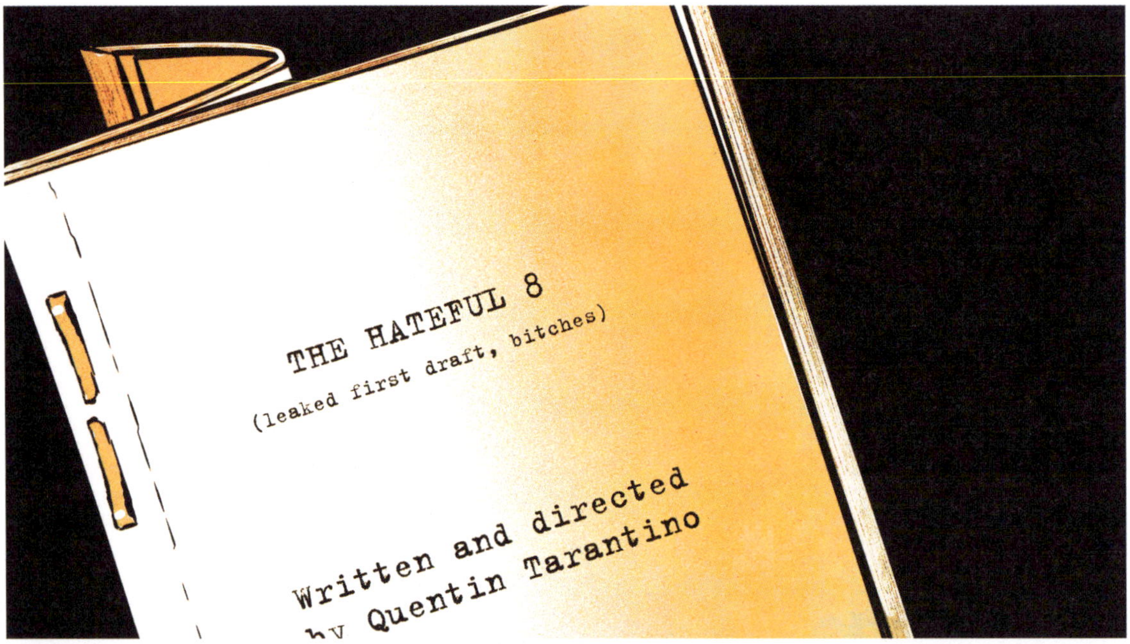

Mis amigos llegan a convencerme de que haga una lectura del script para el público.

Una sola vez y telón. Y funciona.

No solo estoy tranquilo, sino que resulta mágico ver a aquellos actores interpretar mi texto.

No es ningún peñazo, sigue siendo enorme.

Cuando uno está cansado, harto o lleno de rabia, es preciso recordar al tipejo de los inicios, sobre el que nadie apostaba un centavo.

Su nombre está ya para siempre en los libros de cine. PULP FICTION está en todas las listas de las mejores películas de todos los tiempos.

Finalmente supe quién había filtrado el script.

Los agentes lo habían dejado encima de un despacho y alguien había hecho una copia.

Esta vez, quiero hacerlo bien. Una peli en ULTRA 70 MM, el mayor formato existente

La última peli rodada en ULTRA 70 MM fue BEN-HUR. Tendremos que hacer un montón de pruebas con los objetivos que sirvieron para BEN-HUR, ya que estaremos en WYOMING, en medio de la nieve. Si todo funciona, podremos comenzar.

Y QUIERO UNA MÚSICA ORIGINAL.
ES LA PRIMERA VEZ, Y QUIERO LO MEJOR.
Viajo a ROMA para pedir a ENNIO MORRICONE que salga de su semiretirada para crear mi música.
En cierto modo es como tener una audiencia con el papa.
ENNIO es encantador, pero tiene palabras bastante duras relativas a mi uso de sus músicas anteriores en mis películas.
¿ENTONCES YA NO UTILIZA FRAGMENTOS DE MIS VIEJOS TEMAS PARA SUS PELÍCULAS?
ENNIO

Toma, uppercut al hígado, directo.
No es MORRICONE contra TARANTINO, es FOREMAN contra ALI.
Y pega fuerte, ENNIO.
NO, MAESTRO, DESEO DISPONER DE UNA COMPOSICIÓN ORIGINAL, YA QUE MI WESTERN NO ES UNA CARTA DE AMOR AL SPAGHETTI WESTERN COMO DJANGO DESENCADENADO.
ES UN AUTÉNTICO WESTERN. RODADO EN ULTRA 70 MM EN LA NIEVE.
Oh, aquello pica su curiosidad.
Así que dispongo de una brecha.
¡No te equivoques, QT!
IMAGINE NIEVE POR TODAS PARTES. UNA DILIGENCIA A TODA VELOCIDAD.
LA PELÍCULA DURARÁ CASI 3 HORAS. LO QUIERO TODO A LA MEDIDA DE MIS AMBICIONES.
PARECE MUY INTERESANTE, EN EFECTO.
PERO YA ME HE JUBILADO, JOVEN, TRABAJO SOLO PARA LA PELÍCULA DE TORNATORE.
MAESTRO, RESPETO SU DECISIÓN.
DE TODAS FORMAS HA SIDO UN IMENSO PLACER PARA MÍ.
Estoy a punto de irme.
Ennio me mira mientras me voy.
Ennio mira a su mujer.
Ella le dice que venga hacia mí.

PRIMER PLANO DE LOS CABALLOS, LAS NARICES PROYECTAN HUMO.
LAS PEZUÑAS APLASTAN LA NIEVE PEGAJOSA.
Y NOS ALEJAMOS PARA CONTEMPLAR EL PAISAJE MAJESTUOSO...
VEMOS UN INMENSO CRISTO DE MADERA CUBIERTO DE NIEVE...
...Y POR ENCIMA DE ESTAS IMÁGENES POTENTES, SU MÚSICA.
QUENTIN.
SÍ, MAESTRO.
NO PODRÉ ESCRIBIR PARA USTED UNA NUEVA COMPOSICIÓN.
PERO QUIZÁS PUEDE ESCUCHAR LOS TEMAS QUE COMPUSE PARA LA COSA DE CARPENTER, Y QUE NO UTILICÉ.
UN PLACER INDESCRIPTIBLE, SÍ. MIL VECES SÍ.
Nos pasamos la tarde escuchando esos temas. No solo tenía una música original de ENNIO MORRICONE, sino que además era de LA COSA.
Ennio estaba tan contento por haber tocado sus antiguas composiciones para mí, tan entusiasmado, que escribió dos más.
Increíble, voy a tener nuevos temas compuestos especialmente para mí por el maestro ENNIO MORRICONE.

(* LOS SEÑORES DEL ACERO, dirigida por Paul Verhoeven, con Rutger Hauer — 1985.)

Me han reprochado mucho la violencia con el personaje de JENNIFER.

Pero uno tiene que saber lo que quiere. Si las mujeres quieren la igualdad en el cine, tienen que aceptar papeles de malvadas y cometer actos tan reprensibles como para que ya no las podamos considerar cositas frágiles.

JENNIFER es uno de los personajes más badass que he escrito. Ella sola planta cara a los dos cazadores de recompensas más peligrosos de la región.

THE HANGMAN (Kurt Russell) dice: «Mientras no se invente un gatillo que una mujer no pueda apretar, seguiré llevándolas atadas a una cuerda».

Si escribimos con honestidad, dejamos que los personajes hablen y actúen como deberían hacerlo realmente. La gente es malvada, racista, cobarde o grosera. Sobre todo si no vive entre algodones.

En mi cine se rompen cráneos de verdad, nunca entre almohadones de terciopelo.

Ya tenía a todo mi equipo de malnacidos, a cual más badass. Me di cuenta en el set hasta qué punto yo había progresado en la dirección. Y sobre todo en el BLOCKING (composición y ubicación de los actores en el cuadro).

La cámara era mi 9° personaje. Iba a ayudarme a contar la historia. Había decidido rodar la película en orden cronológico.

De manera que si encontraba una gran idea, podía cambiar la historia, sin que ello se volviera un infierno de montaje. Me divertí particularmente con el veneno en el café. Rodé varias versiones porque era incapaz de elegir la ideal.

Los planos eran magníficos. Sabía qué personajes iban a llegar al final, podía darme un poco de cuerda en medio de la peli.

JENNIFER tenía que tocar una pieza con la guitarra. Lo hicimos como es debido y encontramos una auténtica guitarra de época. No había tocado en su vida y se pasaba la mitad del tiempo ensayando durante el rodaje. KURT tenía que cogerle la guitarra de las manos y romperla. Pensaba hacerlo en plano secuencia.

Pero KURT llegó tan de prisa que, cuando arrancó la guitarra de colección de las manos de JENNIFER, ella se puso a chillar, y él todavía más, y BOOM, rompió una guitarra de 200 años. Los del museo se cabrearon.

BLAM

THE
KURT RUSSELL

KURT RUSSELL
es un auténtico badass,
pese a que
comenzó su
carrera en la tele,
y luego con Disney.

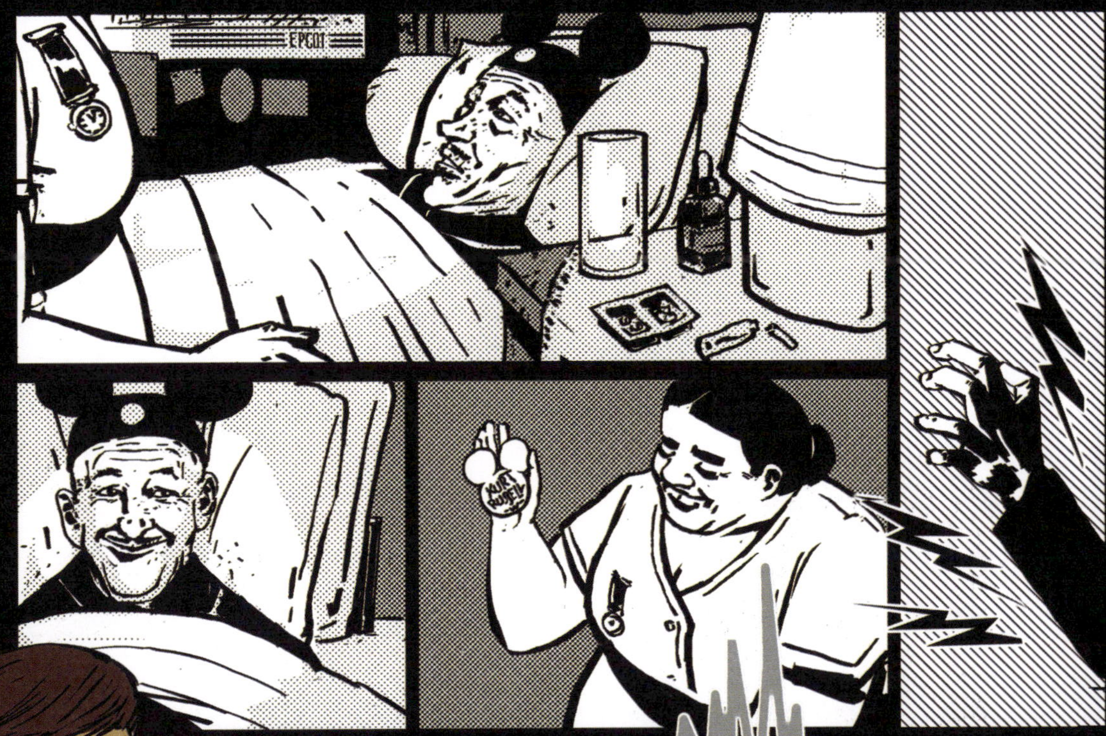

Al parecer,
"KURT RUSSELL"
fue lo último
que Walt Disney
escribió en su
lecho de muerte.

Lo quería
a morir...

Kurt trabajó
casi diez años
para ellos.
Era una de las
mayores estrellas
en los setenta.

Luego hizo una
pausa en su carrera en
Hollywood para ayudar a su
padre, que acababa de comprar
un equipo de béisbol. Kurt
jugó con los MAVERICKS,
con su padre como
entrenador.

Encarnó a un KING
muy convincente
en el ELVIS con
JOHN CARPENTER, un
telefilme tan bueno que
dio su salto a las
salas de cine.

Ya no se dejarían
nunca, y marcarían
el cine al
rojo vivo.

(* 1997: RESCATE EN NUEVA YORK.) (** GOLPE EN LA PEQUEÑA CHINA.)

Kurt actuó en TEQUILA SUNRISE (1988), esa peli negra bajo el sol con guion de Robert Towne (CHINATOWN). Lo cual borró para siempre el feeling Disney de su carrera.

En TANGO & CASH (1989), está tan impresionante como SYLVESTER STALLONE.

Sylvester, a quién propuse interpretar a STUNTMAN MIKE en DEATH PROOF. Pero rehusó porque tiene tres hijas y no se siente cómodo con la violencia contra las mujeres.

En cambio, con la violencia a los asiáticos o a los mexicanos no tiene tantos problemas.

En 1993, KURT encarna WYATT EARP en TOMBSTONE. Tras la marcha del director, se hace cargo de la película. Stallone le aconseja a George P. COSMATOS (RAMBO 2 – THE MISSION y COBRA) que acepta que KURT reescriba el guion y dirija la película. Cada día le da una lista de planos para rodar.

Kurt supervisará el montaje y, cuando sea necesario cortar escenas, comenzará cortando las suyas. Por honestidad de cara a sus colegas

Este secreto, Kurt prometerá guardarlo hasta la muerte de George P. COSMATOS en 2005.

Stallone...
Hoy en día, el público solo ve los Rocky IV y los Rambo 7 y las parodias.

Pero para nosotros, (el primer) ROCKY cambió el rollo de ver a un guionista luchando por actuar en su peli, y contra la opinión de todos, convertirlo en un éxito y batir a TAXI DRIVER en los Oscar. Ok, esto es vergonzoso, pero sobre todo vergonzoso para los Oscar.

Imaginad a un tipejo poco conocido con el careto torcido que escribe e interpreta en su película el papel de un muerto de hambre, que quiere luchar y perder contra Muhammad Ali.

Cuando SLY reciba su Oscar, Ali le sorprenderá subiendo al escenario, para reproducir el combate. Enorme. Era una gran fuente de inspiración para todos.

ROCKY fue apoyado por peces gordos entre los guionistas. William Goldman (BUTCH CASSIDY AND THE SUNDANCE KID*) dirá que el script era magnífico y que lo enseñó a todo el mundo.

Más tarde, confesará que si hubiera sabido qué maldito orgullo tenía Stallone, se habría pillado los huevos en el cajón de su despacho antes que hacer sufrir todo esto al cine.

(* DOS HOMBRES Y UN DESTINO – 1969.)

ACORRALADO una película excelente, incluso quiero hacer una adaptación más fiel a la novela.
Pero la continuación, RAMBO — ACORRALADO PARTE II, coescrita por un tal JAMES CAMERON (a quien le encanta el olor del napalm por la mañana), demostrará que los ochenta fueron una plaga para el cine. El peor período, junto con los cincuenta.
Los Estados Unidos solo pueden crear cuando están mal.
El cine es la sangre de Norteamérica, y solo se la puedes encontrar si le abres las venas.
YO QUERÍA QUE ENCARNARA A BUTCH EN PULP FICTION. TU IMAGINA TENER A ROCKY EN LA PELÍCULA Y CON MARSELLUS. JEJEJE. PERO DIJO QUE NO. DE TODOS MODOS, BRUCE ACTÚA MEJOR.
¿Y KURT, ENTONCES?
OH SÍ... KURT FUE LA ELECCIÓN PERFECTA.
VOY A HACER 3 PELIS CON ÉL, Y SERÁ UNA FUENTE INAGOTABLE DE HISTORIAS SOBRE EL HOLLYWOOD DE 1969...
Y TODO ENCAJA, PORQUE TENGO UNA IDEA SOBRE LA QUE TRABAJO DESDE HACE AÑOS.

ESTOY EN EL NEGOCIO DE LA VIOLENCIA. YA ME LO HAN REPROCHADO BASTANTE, PERO PUEDES ZAMPARTE UN MARATÓN ZOMBIE DE GEORGE ROMERO Y, CUANDO PONES LA TELE, QUEDAR ABSOLUTAMENTE ESCANDALIZADO AL VER QUE LA CAZA DE NEGROS Y DE TODOS LOS QUE SON DIFERENTES ESTÁ ABIERTA CADA DÍA.
ES UNA VIOLENCIA INSTITUCIONALIZADA, ENCUBIERTA AL MÁS ALTO NIVEL, Y ES INMUNDA E IMPOSIBLE DE VER SIN MANTENER LOS PUÑOS CERRADOS EN LOS BOLSILLOS.
PUES BIEN, ESTOS PUÑOS A VECES QUIEREN SALIR. LAS PALABRAS QUIEREN SALIR. Y TÚ QUIERES SALIR A LA CALLE PARA EXPRESAR TU RABIA.
ES LO QUE HICE EN LAS MANIFESTACIONES DE BLACK LIVES MATTER.
DESDE LUEGO ME HAN RECONOCIDO Y ME HAN METIDO UNA CÁMARA BAJO LA NARIZ. HE DICHO EXACTAMENTE LO QUE PENSABA.
"LA POLICIA DEBE SER RESPONSABLE." EN TODOS LOS SENTIDOS DEL TÉRMINO.
Y DESDE LUEGO NO LES HA GUSTADO LO QUE HE DICHO, Y HAN CONTESTADO DE LA MANERA MÁS VIOLENTA POSIBLE, LO CUAL ES UN PROBLEMA, PORQUE ES SU RESPUESTA A TODO.
BLACK LIVES MATTER
NO POLIC
VIOLENCE

NO NECESITAS MOSTRAR MÚSCULO, SEÑOR POLI, VAS ARMADO, YA TE TENGO MIEDO.
PERO NO VOY A CERRAR EL PICO.
SI LOS POLIS Y SUS AMIGOS QUIEREN BOICOTEAR MIS PELIS, ME LA SUDA MOGOLLÓN, HAY MÁS JÓVENES EN EL MUNDO QUE POLICÍAS.
HACED BIEN VUESTRO CURRO Y NADIE OS DIRÁ NADA. NOSOTROS, CUANDO ÉRAMOS PEQUEÑOS, JUGÁBAMOS A SER POLIS, COÑO. ERAIS NUESTROS HÉROES.
ESTÁIS AQUÍ PARA "PROTEGERNOS Y SERVIRNOS". HOMBRE YA, ESTÁ ESCRITO EN VUESTROS JODIDOS COCHES.
HACEDLO O CAMBIAD LA FRASE: "PROTEGER Y SERVIR SOLO A LOS RICOS BLANCOS".
LA PELOTA ESTÁ EN VUESTRO CAMPO. AL MENOS INTENTAD PONERLA EN JUEGO Y VOLVERÉIS A SER NUESTROS HÉROES DEL PATIO.
GEORGE FLOYD
BREONNA TAYLOR
ERIC GARNER
MICHAEL BROWN

Con mi rollo de "10 PELÍCULAS y telón", he podido ver hasta qué punto al públiCo le gusta lo que hago.
Y me he puesto encima una gran presión, porque solo 2 pelis y basta, esto significa que tengo que hacer 2 películas buenísimas o fastidio el concepto de largarme dejando una filmografía de leyenda.
De repente, todos los proyectos divertidos que tenía cayeron en el olvido.
Bye bye, al guión de STAR TREK-RATED R*. Bye Bye GODZILLA, GOD OF THE MONSTERS.
BYE BYE, LUKE CAGE. (De todos modos, ni hablar de trabajar para Mickey después de lo que me hicieron en el momento del estreno de LOS ODIOSOS 8.) Bye bye, KILLER CROWS.
(* Prohibido a menores de 16 años.)
HOLLYWOOD
Voy a concentrarme en lo que me gusta más. HOLLYWOOD en 1969.
He recuperado centenares de anécdotas sobre ese período. He tirado de la lengua a mis amigos, BRUCE DERN, MICHAEL PARKS y sobre todo KURT RUSSELL, que conoce a todo el mundo.
Un día, en pleno rodaje, un actor cuyo nombre me voy a callar ( ) me pidió si tenía trabajo para su doble.

Bajo un cierto punto de vista, podíamos ver que los dos hombres debían parecerse realmente en un momento, hasta el punto que podíamos filmar al doble y fingir que la estrella hacía realmente las escenas de acción.
No hace falta decir que aquel momento había pasado. Ante mí tenía el resultado de dos estilos de vida diferentes.
La estrella se cuidaba, bronceándose, dándose masajes y spa en Beverly Hills. El doble tenía que vivir en un tráiler en las afueras de la ciudad.
SABES, (■■■) NO PARECE GRAN COSA, PERO ES INDESTRUCTIBLE. TE LO JURO.
LE PUEDES PRENDER FUEGO, DARLE UNA PALIZA O TIRARLO DE UN COCHE O POR LAS ESCALERAS UN MONTÓN DE VECES...
Y RECLAMARÁ DOS TOMAS MÁS SI TÚ LO NECESITAS.
VERÉ LO QUE PUEDO HACER, (■■■).
Además de parecerse como hermanos, podías ver que tenían una auténtica complicidad.
Desde luego, había uno que pagaba las facturas del otro, pero eran colegas.
Entonces comencé un nuevo cuaderno.

Quiero hacer una película cuyo título comience por "ÉRASE UNA VEZ EN...".
Y ahora, ya sé dónde voy a contar mi fresco. Estoy en mi piscina, floto bajo el sol y me acuerdo del LOS ANGELES de mi infancia, los paseos en coche con Curtis a través de la ciudad.
Quería hacer una película sin intriga. Una película en la que dé gusto pasearse.

Una película en la que te alegras de ver a tus personajes preferidos vivir su vida. Una película que cuente cómo ser una estrella y convertirse en una ex estrella.
Luchar por seguir siendo digno de la confianza que la gente tiene en ti. Luchar por resarcirse. Y a veces, solo sobrevivir.
Sobrevivir a través de los fracasos. Sobrevivir al éxito. Cambiar y volverse mejor. Casarse. Quizás fundar una familia.
Escribiendo la vida de RICK DALTON, sabía que ya no escribía ficción. Pensaba en voz alta.
El hecho de que DANIELLA hubiera vuelto a mi vida no era casual. Esta vez iba en serio. Quería quedarme con ella.
Volví a ver una entrevista de hacía tiempo donde por una vez hablaba de mi intimidad, y dije: «Todo el mundo se ha ido, salvo a quienes pago». No quiero esto nunca más.
Ok, mis dos personajes principales.
RICK DALTON, una antigua estrella con un gran corazón, y su doble, CLIFF BOOTH, badass supremo.
Sé que no es un proyecto fácil, pero con BRAD y LEO, debería poder montarlo en MIRAMAX.
Y boom, estalla el escándalo WEINSTEIN.

Nos habíamos distanciado un poco después del accidente de coche. El peor día de mi vida.

WEINSTEIN se había negado a hacer pública la secuencia filmada del accidente.

Para impedir que le pudieran denunciar.

Cuando ella denunció a Weinstein, le di aquella secuencia.

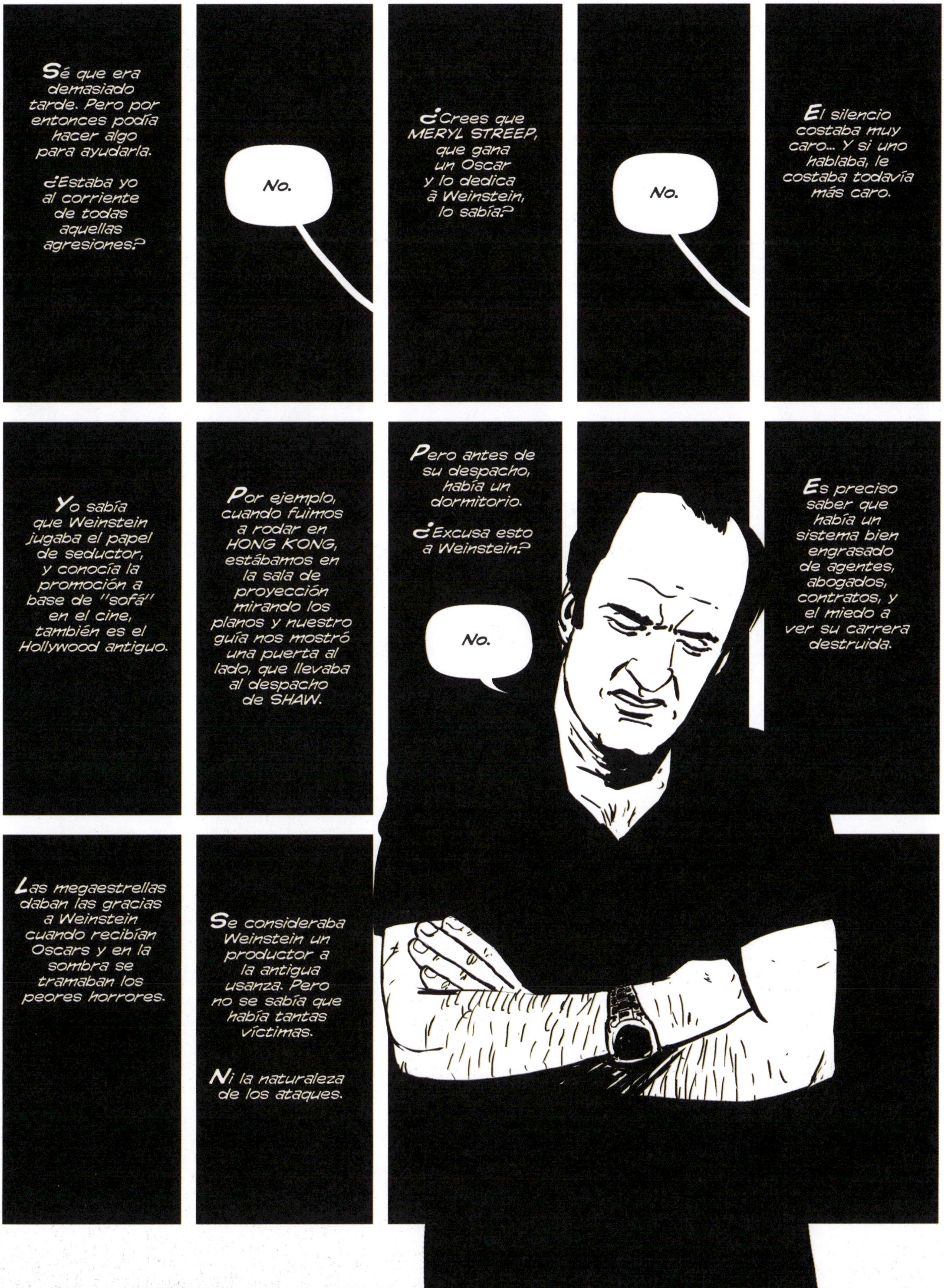

Sé que era demasiado tarde. Pero por entonces podía hacer algo para ayudarla.
¿Estaba yo al corriente de todas aquellas agresiones?
No.
¿Crees que MERYL STREEP, que gana un Oscar y lo dedica a Weinstein, lo sabía?
No.
El silencio costaba muy caro... Y si uno hablaba, le costaba todavía más caro.
Yo sabía que Weinstein jugaba el papel de seductor, y conocía la promoción a base de "sofá" en el cine, también es el Hollywood antiguo.
Por ejemplo, cuando fuimos a rodar en HONG KONG, estábamos en la sala de proyección mirando los planos y nuestro guía nos mostró una puerta al lado, que llevaba al despacho de SHAW.
Pero antes de su despacho, había un dormitorio.
¿Excusa esto a Weinstein?
No.
Es preciso saber que había un sistema bien engrasado de agentes, abogados, contratos, y el miedo a ver su carrera destruida.
Las megaestrellas daban las gracias a Weinstein cuando recibían Oscars y en la sombra se tramaban los peores horrores.
Se consideraba Weinstein un productor a la antigua usanza. Pero no se sabía que había tantas víctimas.
Ni la naturaleza de los ataques.

AFTER FRANK MILLER
Yo sabía que ROSE McGOWAN había tenido problemas con Weinstein. Robert me lo había dicho y quería que la contratáramos en nuestras 2 pelis para GRINDHOUSE. Para joderlo, porque ella no podía decir nada, había firmado un NDA.
(Contrato de no-divulgación.)
Estaba furioso, pero le tocaba a él cerrar el pico, porque tenía que tener a "Quentin contento".

¿Que hacer?
KEVIN SMITH había decidido dejar de trabajar para MIRAMAX e iba a ceder todos sus derechos a asociaciones.
¿Y adivina lo que hizo WEINSTEIN?
Llamó a KEVIN la víspera del proceso para decirle que podían arreglar por fin la historia de los derechos de DOGMA, si quería...
La víspera del proceso.
Yo he hecho toda mi carrera en MIRAMAX.
Todas mis películas las he hecho con ellos.
Soy propietario de mis películas, pero están todas en MIRAMAX...
salvo ÉRASE UNA VEZ EN... HOLLYWOOD.
Sondeé a la competencia, en parte para saber cómo me cotizaban, pero sobre todo para largarme de esta mierda.
Todos los estudios recibieron el guion... para que hicieran una oferta, salvo Disney, que seguramente comprará todos los estudios algún día. Y terminaré con ellos como la vez en que firmé para MIRAMAX y que, unos meses más tarde, era Mickey quien me pagaba.
Pero de momento, estoy en PLAYSTATION.
"ONCE UPON A TIME IN... HOLLYWOOD"

Sigo escribiendo mucho más sobre mis personajes que lo que el público verá. A BRAD y LEO les encanta leerlo para saber más sobre la vida de su personaje.

Y esta vez, sé que voy a hacer la novelización de mi peli, por fuerza, porque tengo demasiado material no utilizado y escrito en prosa.

La vida de CLIFF BOOTH antes de 1969 es muy interesante. Como veterano de la guerra del Pacífico, ostenta el récord de la mayor cantidad de japoneses liquidados en las Filipinas. Un auténtico killer.

El rumor sobre la muerte semi-accidental de su mujer no le ayuda mucho a encontrar curro. Pero al menos, cuando trabaja, sabe que le pagarán.

Puedo tener a BRUCE LEE en mi película. La reunión de los dos es una fuente de alegría inmensa para mí. Son dos mundos que se enfrentan.

No hablo del Este y del Oeste, chorradas. Hablo del nuevo mundo contra el viejo.

BRUCE representa todo lo que CLIFF detesta. Los vacilones, los brutos, y quiere cerrarles el pico como merecen.

Aunque ha ganado el tercer asalto contra BRUCE, CLIFF sabe que ha perdido. BRUCE se convertirá en una estrella y él desaparecerá tranquilito del paisaje. Detrás de la pantalla, en su tráiler. Un día su perro le lamerá la cara y él no se despertará.

Una vez desaparezca RICK, no habrá nadie para acordarse de él, salvo cuando alguien quiera contar anécdotas picantes del viejo HOLLYWOOD, pero él sabe que ninguna le será favorable.

CHAMPION

李小龍
BRUCE LEE
allias
li-yen-kam

BRUCE ALL MIGHTY*

(* BRUCE TODOPODEROSO)

por QT

Cuando el público ha tenido la suerte de ver al fin mi última película (que podría ser perfectamente mi última película de verdad, pero este es otro debate), no me han hablado más que de una cosas. No de Sharon Tate y del formidable trabajo que ha hecho Margot Robbie, que llevaba las joyas auténticas de Sharon Tate (prestadas por su hermana). No, nadie ha hablado de esto. Ok, me han atosigado con la cantidad de diálogos, como si la calidad de una interpretación se midiera por la cantidad de diálogos. Arnold Schwarzenegger tiene solo 17 líneas de diálogo en el primer *Terminator*, y ha edificado toda su carrera con una de ellas: «I'll be back».

¿Y el dúo de simpáticos perdedores que forman Rick y Cliff? ¿Han hecho correr mucha tinta? No, y podía haber sido así. Desde Redford y Newman no se había visto una química tan perfecta entre dos estrellas. Es Cliff, o más concretamente lo que hace Cliff y a quién se lo hace, lo que ha llamado la atención a los espectadores de todo el mundo. Quiero hablar de Bruce Lee.

Vayamos al grano. En primer lugar, soy un fan enorme de BRUCE LEE. Vi sus pelis cuando las estrenaron en los EE.UU. Y dejadme decir que, para un chaval de diez años, ver una peli de BRUCE LEE es como tomar COCA. Estás súper excitado, brincas como un loco, YAHA por aquí, YAHA por allá. BRUCE LEE es uno de los especímenes humanos más bellos de este planeta. Aparte de BRAD PITT. Y yo los puse a uno frente al otro. Je je je. BRUCE LEE es y será siempre hipnótico. Él solito ha dado la vuelta a un siglo de estereotipos de chinos enclenques con los dientes separados. Los hombres querían ser como él, las mujeres querían acostarse con él... y seguramente algunos hombres también.
No los juzgo. Si mi vida dependiera de ello, me habría acostado con Elvis...

Bruce Lee era guapo como un dios. Y su enfoque de la filosofía era profundo para la época. Sin duda. Nos decía: «Sé como el agua, amigo mío. Es la fuerza más poderosa de la Tierra», y luego hacía flexiones apoyado sobre dos dedos. ¿Cómo no te puede gustar este tipo? Después de crear su propia arte marcial, el Jeet Kun Do, quiso crear un nuevo mito cinematográfico y mezcló todas las técnicas existentes para conseguirlo. Y lo hizo con éxito... como yo.

Yo soy el BRUCE LEE de la Dirección. De un fenómeno al otro, forzosamente se tenía que crear una discusión entre ambos.

En KILL BILL, utilicé la música de la serie GREEN HORNET* y el traje negro con máscara para los CRAZY 88. También recuperé el mono de moto amarillo con la raya negra, procedente de GAME OF DEATH**, para UMA. Si esto hubiera sido un préstamo banal, no habría tenido ningún efecto. Pero mi préstamo ha impreso, a su vez, a la cultura pop de forma tan duradera como él. Ahora hay dos personas que han llevado de maravilla este tipo de prenda y que lo han petado con él: BRUCE y UMA. Mi peli también hizo descubrir a BRUCE al gran público. La familia LEE debería darme las gracias.

(* EL AVISPÓN VERDE. ** JUEGO DE LA MUERTE)

“ Sé como el agua, amigo mío. Es la fuerza más poderosa de la Tierra. ”
- Bruce Lee -

En ÉRASE UNA VEZ EN... HOLLYWOOD, la historia se narra desde el punto de vista de CLIFF y RICK –dos viejas glorias, que consideran todo intento de modernidad como una amenaza. Sin duda, no les iba a gustar un joven «oriental» arrogante. Es la visión que Hollywood tenía de BRUCE en aquella época. Mi película no se llama ONCE UPON A TIME... QUENTIN. Y seguramente tampoco ONCE UPON A TIME... BRUCE LEE. Sí, habría sido formidable, me habría encantado cada segundo de la película, pero no es lo que quería contar. Investigué un poco sobre aquella época. Pacientemente. Durante varios años. Investigaciones sobre los especialistas y Bruce Lee, no cuesta tanto. Muchos todavía estaban vivos. Está documentado en varios libros, y conocí a algunos. Lo detestaban.

BRUCE pensaba que los especialistas estadounidenses eran unos peleles (y por una vez seré educado). Con ellos iba a menudo al contacto. Para quienes no lo sepan, «ir al contacto» no es simular un impacto o un golpe en una toma. Estamos haciendo cine, con lo que mentimos 24 veces por segundo. Bruce quería más autenticidad. Pero «ir al contacto» está considerado un insulto por la profesión. BRUCE había creado una parte de su personalidad en torno a MUHAMMAD ALI, que proclamaba en voz alta que sabía en qué asalto lograría el KO sobre su rival. Y a menudo tenía razón. BRUCE hizo exactamente lo mismo. Lo que olvidó o ignoró, porque era nativo de HONG KONG, es que a ALI lo odiaba la mitad del país, aquí.

Mi historia está escrita desde el punto de vista de Rick y de CLIFF, que también es un tipo duro de verdad. Mató a gente durante la guerra... y después también. Pero eso es otra historia.

Es un especialista inagotable. Es sólido y sabe luchar. Casi todos los especialistas tenían una formación de boxeador o sobresalían en un deporte de combate, una arte marcial. A menudo la lucha.

CLIFF sabe que, con su talla, su rapidez y su estilo, BRUCE no sabrá resistir. No es posible tener a un tío tan rápido que sea tan fuerte y resistente como él. Bruce tenía las mismas cualidades y defectos que Ali. Era tan rápido que casi nunca llegaban a tocarlo. Para Ali fue un gran descubrimiento cuando, después de su primer KO a manos de un inglés cuyo nombre no recuerdo, se volvió a levantar al acto. Ali tenía la cabeza dura. ALI BOMA YE. Cliff estaba seguro de que no era el caso de Bruce. Estaba dispuesto a apostarlo todo.

«¡Al mejor de tres asaltos!» Su vieja técnica de siempre. CLIFF comienza recibiendo una paliza. Detecta el movimiento que gusta a BRUCE y su fuerza. Cliff sospecha que, ebrio de confianza, Bruce hará lo mismo una segunda vez. CLIFF tiene razón, bloquea a BRUCE al vuelo y lo lanza contra el coche. Empatados... La pelota está en el centro. Y basta. Para mí, el combate ha terminado. Pero este combate se inspira en un altercado real entre Bruce Lee y

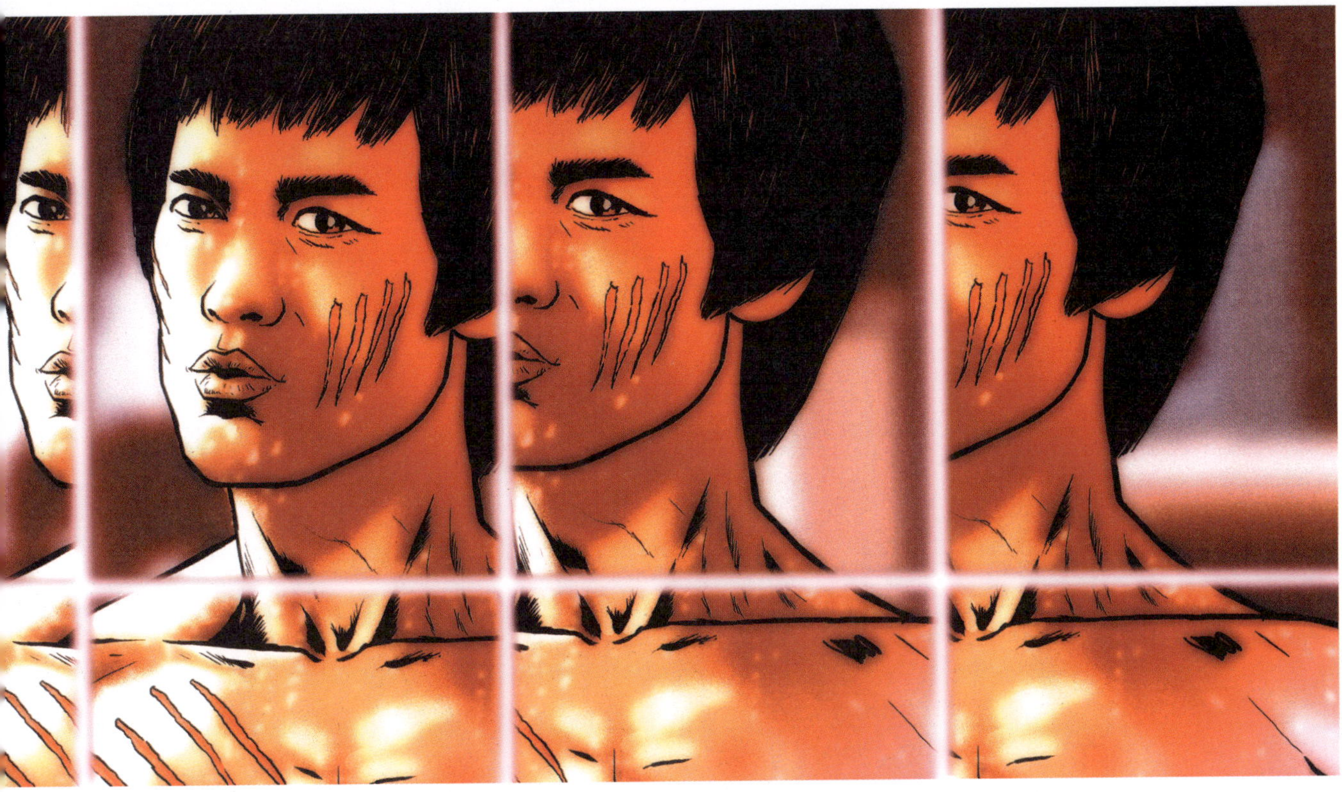

Gene Lebell, especialista de leyenda: sus colegas están hartos de que los aporree sin parar. Así que contratan a Gene para que le enseñe a ese aborto lo que es bueno. Todo pasa como lo he contado, salvo que Gene y Bruce irán hasta el fin del combate. Gene es un experto en lucha y claves de control de todo tipo. Atrapa a Bruce y lo bloquea. Bruce le acribilla a golpes en las costillas para liberarse, pero Gene, como una boa constrictor, ahoga a Bruce. Bruce da un golpe al suelo. Ha perdido. Ese día ha aprendido una dura lección, y sabe que su estilo tiene una debilidad: el cuerpo a cuerpo. Y antes que detestar a su enemigo, Bruce le pedirá a Gene que le enseñe sus claves. Se van a hacer amigos. Podemos incluso admirar el resultado de este formidable encuentro hasta en las películas de Bruce en que, al menos en dos ocasiones, bloquea y estrangula a un rival de fuerza bruta superior a la suya. En GAME OF DEATH, Bruce (1,58 m) terminará el combate contra Kareem Abdul-Jabbar (2,20 m) ahogándolo. Existe la leyenda de BRUCE que nos quieren colar y luego está la verdad. ¿Cómo murió? Me la suda. Quiero saber cómo vivió la gente, no cómo murió. ¿Habría podido BRUCE ganar a ALI? Basta de gilipolleces. ALI aguantó cuatro asaltos frente al matón más duro de su generación –JOE FRAZIER– con una mandíbula rota.

A continuación aguantó ocho asaltos y BATIÓ al *killer* que había ridiculizado a JOE FRAZIER, hablo de GEORGE FOREMAN, el destructor de campeones. ALI lo ganó en Zaire en 1975 en un combate del que todavía se habla. ALI era tan rápido como BRUCE, más alto y podía recibir un montón de golpes.

Pero, ¿era BRUCE el que tenía más clase, el más grande, la estrella más carismática de acción de todos los tiempos? ¡¡¡OH, FU#### YES!!!

Me han contado un montón de historias sobre él. ¿Ha cambiado esto lo que pienso de él? No. Del mismo modo que mi película no cambiará nada al respecto. Cambiará la manera de ver a SHARON TATE, eso seguro. Ya no será solo una víctima. La recordaremos sonriendo y tendremos ganas de verla de nuevo como actriz. BRUCE es demasiado grande para esto, ya está en el VALHALLA del cine, con MARILYN y JAMES DEAN.

Aquel día, BRUCE no pierde, realmente, sino que ha ganado una soberbia lección. Seguramente una de aquellas lecciones que le ayudarán a convertirse en el BRUCE LEE que conocemos. El honor de BRUCE está a salvo. Su ego está un poco tocado, pero CLIFF quería ponerlo en su lugar. CLIFF es un dinosaurio condenado a la extinción. BRUCE LEE se convertirá en la megastrella que todos conocemos. ¿Por quién derramaréis lágrimas?

Francamente, puedo comprender que su hija sea algo sensible respecto a todo esto. Es su padre. OK, la historia de la familia es muy difícil. No problemo. Pero los demás, por mí si os coméis un tarro lleno de nabos. Ⓐ

RICK DALTON, me encanta. Nunca olvidaré que el nombre se inspiraba en un personaje de BURT REYNOLDS, cuya cuya carrera siempre he seguido. Coleccioné las historias sobre él, y fui tejiendo la mía con placer.

Burt tendría que haber actuado en la película, se estaba currando los diálogos para la escena del rancho donde CLIFF causará una gran impresión, sobre todo en el careto del hippie. Pero Burt nos dejó demasiado pronto.

Para conocer a RICK a fondo, me inventé toda su carrera. La de antes de la película, pero también la de después.

RICK DALTON... Para él he escrito cinco episodios enteros de BOUNTY LAW.

Solo para divertirme.

Sé que ninguna cadena de televisión tendrá jamás el dinero para pagar a LEO, y menos aún para hacer una serie de western retro. Pero, vaya, ¡lo divertido que fue escribirla!

Una vez RICK se ha puesto el pellejo de estrella de cine de serie B, puedo concentrarme en la tercera parte de su carrera.

La que se desarrollará tras el fin de la peli, cuando será conocido por este incidente que le aportará una reputación de duro de verdad. Y podrá volver sin problemas a las películas de acción.

Más tarde, su carrera dará un salto con THE FIREMAN, inspirada en THE EXTERMINATOR*.

Es un veterano del Vietnam que se hace poli. Sus colegas matan a gente y todos son corruptos.

Salvo su compañero, un joven SAMUEL L. JACKSON. Los polis se cargan a SAM, y RICK se disfraza de bombero para quemarlos con su lanzallamas.

Rick es la estrella y el director, esta vez, y la idea es de Cliff, quien escribirá y producirá la peli. Para divertirse, también hará algunas escenas de acción.

CLIFF y RICK estarán encantados de volver a trabajar juntos, ya que habían perdido un poco el contacto.

Esta película tendrá tal éxito que firmarán para CANNON para dos secuelas. CLIFF dirigirá la última.

RICK, convertido en una estrella de las películas directas para vídeo rodadas en Italia o en las Filipinas, será una estrella invitada de lujo en series como AIRWOLF o CHIPS.

En fin, se retirará, ya muy rico, en 1988.

(* EL EXTERMINADOR - 1980.)

HAL NEEDHAM
THE REAL CLIFF BOOTH
(El auténtico CLIFF BOOTH)

He contado con muchas influencias para crear a los personajes de RICK DALTON y CLIFF BOOTH, pero la principal fue la vida de HAL NEEDHAM.

Este exparacaidista, convertido en indestructible especialista, era capaz de saltar de un caballo a otro a galope tendido, o sobre una diligencia también a tope. Aquí no hay margen de error: te caes y ya has comprado tu billete para el boulevard de los yacientes.

Rick se inspira fuertemente en BURT REYNOLDS, a quien le encantó el script y añadió el diálogo que dice que CLIFF es demasiado guapo para ser un especialista. A Brad no le gusta mucho, pero es BURT, o sea que silencio.

HAL explicó a John Wayne cómo dar de verdad un puñetazo y más tarde estuvo a punto de que el DUKE, que no tenía más sentido del humor que pelos en la cocorota, le arrancara la cabeza.

BURT y HAL eran amigos, habían vivido juntos. BURT quería rodar él mismo las escenas de acción, HAL le habló del montón de actores bocazas que habían terminado en el hospital. Desde entonces, HAL estuvo en todas sus pelis.

En WHITE LIGHTNING, dirigido por Burt, Hal, al volante de su coche, dio un salto enorme sobre el río, para alcanzar una barcaza, pero lo logró a medias. Estuvo a punto de quedar atrapado en el coche. BURT (por entonces director, repito), se sumergió corriendo en el agua y se fue a buscar a su colega.

HAL concebirá un montón de aparatos formidables para las escenas de acción, que todavía utiliza. Dado que era el director del equipo B (el de las escenas de acción), HAL también acabó siendo director. Fue el creador de THE CANNONBALL (LOS LOCOS DE CANNONBALL), con BURT, SINATRA, DINO, SAMMY DAVIS Jr y JACKIE CHAN, en uno de sus primeros grandes papeles en los EE.UU.

¿Cómo no estar fascinado por HAL NEEDHAM?

(*LOS CONTRABANDISTAS – 1973)

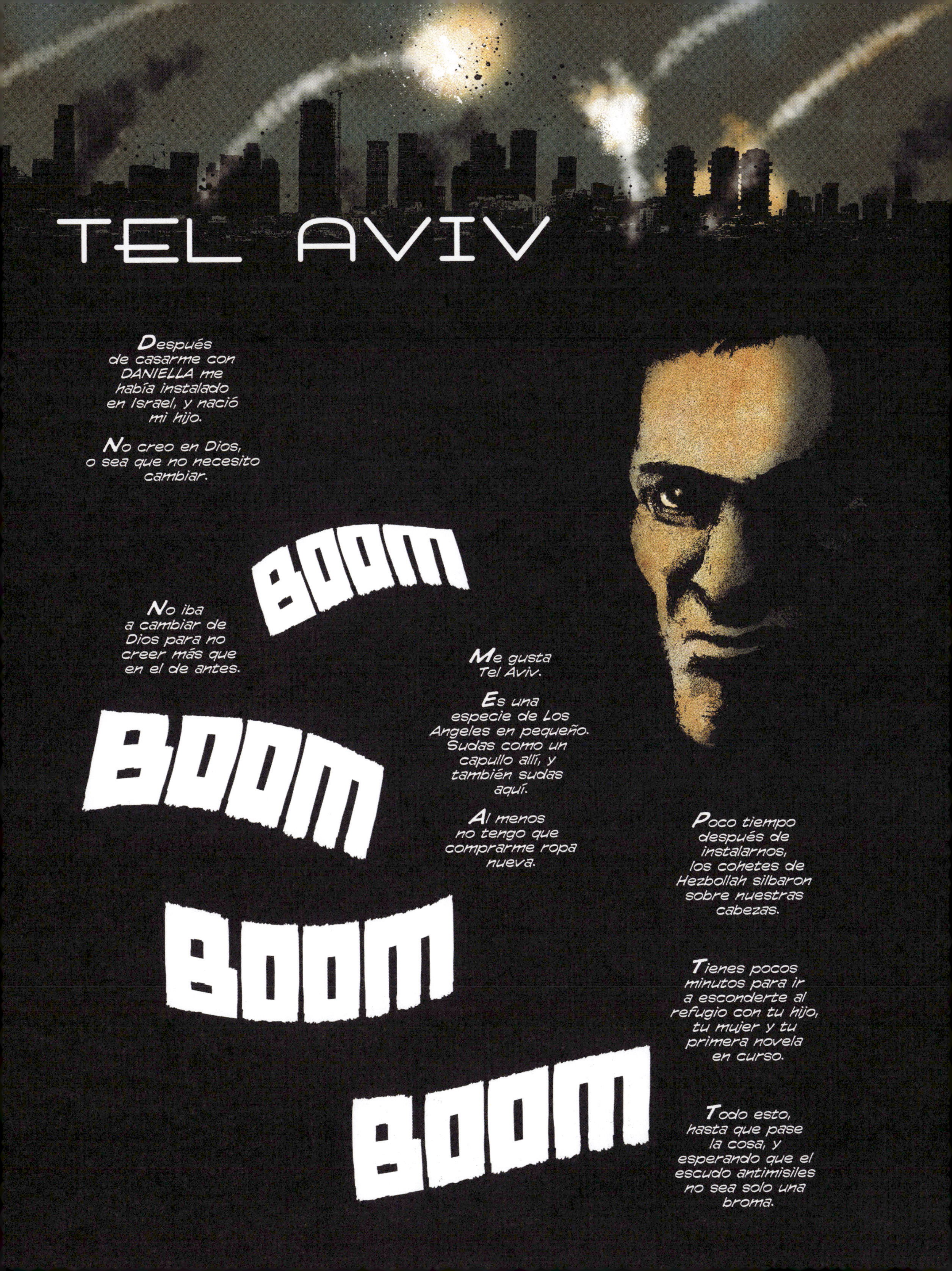
TEL AVIV
Después de casarme con DANIELLA me había instalado en Israel, y nació mi hijo.
No creo en Dios, o sea que no necesito cambiar.
BOOM
No iba a cambiar de Dios para no creer más que en el de antes.
Me gusta Tel Aviv.
Es una especie de Los Angeles en pequeño. Sudas como un capullo allí, y también sudas aquí.
Al menos no tengo que comprarme ropa nueva.
BOOM
Poco tiempo después de instalarnos, los cohetes de Hezbollah silbaron sobre nuestras cabezas.
BOOM
Tienes pocos minutos para ir a esconderte al refugio con tu hijo, tu mujer y tu primera novela en curso.
BOOM
Todo esto, hasta que pase la cosa, y esperando que el escudo antimisiles no sea solo una broma.

THE FUTURE

(EL FUTURO)

Para mi última futura peli, tengo donde elegir. Y mis demás proyectos. Voy a escribir y dirigir adaptaciones de mis películas en el teatro.
Ya me veo comenzando por RESERVOIR DOGS. LOS ODIOSOS 8 también se presta bien.
Me encantaría revisitar el universo de KILL BILL. Después de todo, el concepto original era hacer KILL BILL CADA DIEZ AÑOS.
Había filmado secuencias para este fin, cuando el rodaje del VOL. 2. SI llegamos a arreglar los problemas de derechos, sería muy guay.
KILL BILL 3 sería pues, KILL KIDDO.

BEATRIX y su hija B.B. (Beatrix y Bill) han tenido 20 años de tranquilidad, pero NIKKI BELL quiere vengar la muerte de su madre.

A NIKI la ayudarán los supervivientes, SOFIE FATALE, a quien ya solo queda un brazo* pero toda la fortuna de Bill, y ELLE DRIVER, que ahora es ciega. La gran rubia ZATOICHI entrenará a NIKKI, revelándole todo lo que sabe de su aprendizaje doloroso con PAI MEI.

YUKI YUBARI es la gemela de GOGO. De hecho, es YUKI a quien vemos en el bar ahogando sus penas en alcohol cuando un ejecutivo le tira los tejos y ella le hunde el filo en los huevos.

YUKI, siguiendo consejos de BILL, debía quedarse delante de la casa de la madre de NIKKI. KIDDO, una vez sale de casa, después de matar a JEANNIE BELL, se verá proyectada por la onda de choque de la explosión del PUSSY WAGON.

Un combate devastador arrasará el suburbio residencial, que terminará con la muerte de YUKI**.

KIDDO, que conoce perfectamente a sus antiguos colegas, supervisará el entrenamiento de su hija, inculcándole las nociones de WUSHU y los 5 POINTS HEART EXPLODING TECHNIQUE. B.B. irá a perfeccionar su preparación con la katana junto al nuevo HATTORI HANZO, su asistente en el SUSHI SHOP.

(* Había filmado la escena en la que KIDDO corta los dos brazos a SOFIE en KILL BILL — THE BLOODY AFFAIR, pero era realmente excesiva.)

(** Secuencia cortada, pero se menciona cuando KIDDO está en casa de ESTEBAN VIHAIO, dice que el PUSSY WAGON la ha dejado colgada.)

A los 24 años, B.B. se quiere casar. La ceremonia tiene lugar en la TWO PINES CHAPEL. Una vez más se verá perturbada por unos matones. Esta vez, KIDDO y B.B. están listas. Pero no lo suficiente.

KIDDO conoce entonces a los hijos de BILL, los que tuvo con ELLE y SOFIE. No olvides que su nombre de código es SNAKE CHARMER.

NIKKI logrará matar a KIDDO. Su venganza se habrá cumplido.

KILL

KILL BILL vol.4 será *KILL BELL*. B.B. quiere vengar la muerte de su madre. Hará una lista: SOFIE FATALE, YUKI YUBARI, ELLE DRIVER y NIKKI BELL.

Son ricas, mortales y rodeadas de los CRAZY 99. B.B. irá mucho más lejos que su madre. Será más violenta y, como no tiene la formación de HANZO, BILL y PAI MEI, utilizará más las armas de fuego. Incluso un montón de granadas.

Sabe que no tendrá derecho a una vida tranquila mientras no estén todas muertas. ELLE DRIVER es una mujer al estilo ZATOICHI. SOFIE FATALE va cargada de pistolas, ni hablar de perder otro brazo. YUKI también es buenísima manejando la cadena, pero tiene una sierra mecánica en el extremo de la suya.

El público sabía que THE BRIDE iba a KILL BILL (MATAR A BILL). Pero con B.B. tengo la posibilidad de hacer creer que puede morir al final. Lo cual sería un puntazo enorme para terminar mi carrera. Todo es posible...

También me gustaría hacer una película de animación sobre los orígenes de BILL. Se vería a sus tres padres adoptivos: ESTEBAN VIHAIO, HATTORI HANZO y PAI MEI.

Así como la formación del DIVAS (DEADLY INTERNATIONAL VIPER ASSASSINATION SQUAD).

Pero cuanto más lo pienso, más me digo que diez películas está bien. Pero también pueden ser 11. o 9, ya que no veo cómo superar ÉRASE UNA VEZ EN... HOLLYWOOD. Mi gran fresco, esto es lo que era.

La última película será como una manera de decir adiós. Aunque tengo la impresión de que ya lo hice con ÉRASE UNA VEZ EN... HOLLYWOOD.

Last Chapter

Face to Face

FREY
CLAUDE
BRASSEUR
JEAN-LUC
GODARD
OYE TU, TE PODRÍAS HABER CALMADO CON LOS *ROYAL WITH CHEESE*, ¿NO?
I SPIT ON YOUR GRAVE
NO TE APURES, *CUANTOS MÁS, MEJOR.*
MIRA, TENGO UNA FOTO DE *MADAME TARANTINO*.
CARAMBA, TÍO, BIEN JUGADO

bande à part
QUÉ *GRACIA*, ESTA COSA. ¿AHORA SON ASÍ, LOS *MÓVILES*?
SÍ, Y SON TAN *POTENTES* QUE LOS HAY QUE INCLUSO *MIRAN PELIS* CON ELLOS.
¡UAU!, HA LLEGADO EL MOMENTO DE *TERMINAR LA CARRERA*.
FUCK *YEAH*...

THE END...?

完

¿Habéis encontrado... LOS 47 RONINS?

01- Pintura de *Reservoir Dogs*
02- Bate del oso judío
03- Canguro de Butch
04- Reloj del padre de Butch
05- Juego de sociedad Grease
06- Parche de Elle Driver
07- Óscar al Mejor Guion
08- Llaves del Pussy Wagon
09- Bad Mother Fucker de Jules
10- Parche de Christina Lindberg
11- Parche de Elle Driver
12- Cuchillo de Aldo Raine
13- No hay Globo...
14- Zatoichi
15- Bruce Lee
16- Poster Bande à part
17- Zapatillas The Bride
18- Palma de Oro
19- *They Call Her One Eyed*
20- MacReady
21- Danny Trejo
22- Camiseta Jules
23- Camiseta Jack Burton
24- Póster *Death Proof*
25- Camiseta Vince Vega
26- Camiseta Jimmie
27- Mixer para Margarita
28- #### U
29- Viejas películas
30- Máscara Crazy 88
31- Pipa de Hans Landa
32- Struddle no muy bueno
33- The Bride & B.B.
34- Milkshake de 5 $
35- Sacacorchos Alabama
36- You're so cool!
37- Elmore Leonard
38- Script QT
39- Archivos de Vídeo
40- Burger
41- Etiquetas juego adivinanza
42- Big Kahuna Sprite
43- Lista de The Bride
44- Gafas de Elvis
45- Pistola Mister White
46- Pose *Pulp Fiction*
47- Leyenda japonesa

Nacido a principios de los años 70, **AMÉZIANE HAMMOUCHE** se alimentó a base de cómics de Frank Miller y Bill Sienkiewicz, de películas de Bruce Lee y Sergio Leone, todo ello bañado por los ritmos del soul de los años 66-76, para convertirse un día en autor de cómics.

AMÉ se convirtió en **AMAZING** después de haber escrito, dibujado, coloreado y diseñado él solo las 180 páginas de su novela gráfica policíaca BAGMEN en seis meses. A partir de ahí, optó por expresar su pasión por el cine y los cómics en cada uno de sus libros. Lo más grandes posible...

Después de 20 años de carrera y 21 libros, AMÉ reparte su tiempo entre sus proyectos solitarios para el mercado estadounidense y las novelas gráficas escritas por Sybille Titeux de la Croix (MUHAMMAD ALI, traducida a siete idiomas y best seller del *New York Times*). Su primera producción original para el mercado estadounidense, según un guion de Jared Reinmuth, BIG BLACK: STAND AT ATTICA fue nominada para los Eisner Awards en 2021.

Su SOUL TRILOGY (ALI/MISS DAVIS/ATTICA) está disponible íntegramente en España, en Francia y lo estará en los EE.UU. cuando MISS DAVIS salga en FANTAGRAPHICS.

MARTIN SCORSESE es el primer volumen de su CINÉ TRILOGY, el segundo lo tenéis entre las manos. A finales de 2023 aparecerá el tercero, .

A principios de 2023, su próximo libro, que tendrá el título más largo de su carrera, narrará historias verdaderas de espías que matan nazis a punta pala.

Blog : ameziane.blogspot.com
Instagram : @ame.comics
Twitter : @Ameziane_one

BIBLIOGRAFÍA

- « QUENTIN TARANTINO: THE MAN AND HIS MOVIES » de Jami Bernard
  HarperPerennial - 1995
- « TARANTINO » de Jérôme Charyn
  Denoël - 2009
- « TARANTINO RÉTROSPECTIVE » de Tom Shone
  Gründ - 2017
- « PULP FICTION » de Dana Polan
  BFI Publishing - 2000
- « PULP FICTION » de Quentin Tarantino
  Faber & Faber - 1994
- « TRUE ROMANCE » de Quentin Tarantino
  Faber & Faber - 1995
- « FROM DUSK TILL DAWN » de Quentin Tarantino
  Faber & Faber - 1996
- « JACKIE BROWN » de Quentin Tarantino
  Faber & Faber - 1997
- « DOWN AND DIRTY PICTURES: MIRAMAX, SUNDANCE AND THE RISE OF INDEPENDENT FILM » de Peter Biskind
  Simon and Schuster - 2004
- « PULP FICTION: THE COMPLETE STORY OF QUENTIN TARANTINO'S MASTERPIECE » de Jason Bailey - Voyageur Press - 2013
- « QUENTIN TARANTINO - L'HOMME QUI SAUVA LE CINÉMA »
  Rockyrama n° 23 - 2019
- « ULTRAVIOLENT MOVIES » de Laurent Bouzereau
  Citadel Press - 1996
- « WHAT IT IS, WHAT IT WAS! THE BLACK FILM EXPLOSION OF THE 70'S IN WORDS AND PICTURES » de Gerald & Diana Martinez et Andres Chavez
  Rolling Thunder Books - 1998
- « TONY SCOTT ON FIRE » de Charlotte Largeron
  Rouge Profond - 2021
- « TONY SCOTT - LE DERNIER SAMARITAIN » de Aubry Salmon
  Rockyrama Inc. - 2017
- « L'ÉCHAPPÉE » de Jim Thompson
  Rivages/Noir - 2012
- « OVER MY DEAD BODY. THE SENSATIONAL AGE OF THE AMERICAN PAPERBACK: 1945-1955 de Lee Server
  Chronicle Books - 1994
- « SHAOLIN KUNGFU » de Antonio Bruschini & Antonio Tentori
  China Pictorial Publishing House - 1985
- « SIN CITY » de Frank Miller
  Dark Horse - 1991
- « WESTERN ALL'ITALIANA – THE SPECIALISTS » de Antonio Bruschini & Antonio Tentori
  Glittering Images - 1998
- « CALVIN & HOBBES » de Bill Watterson
  Hors Collection - 1992
- « THE WORLD BEST ARTIST BY MITCH O'CONNELL » de Mitch O'Connell
  Last Gasp - 2012
- « ONCE UPON A TIME IN HOLLYWOOD - A NOVEL » de Quentin Tarantino
  Weidenfeld & Nicolson - 2021

NOVELAS GRÁFICAS

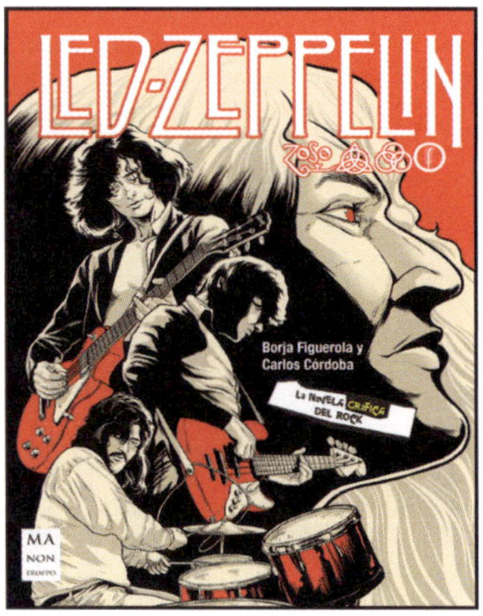

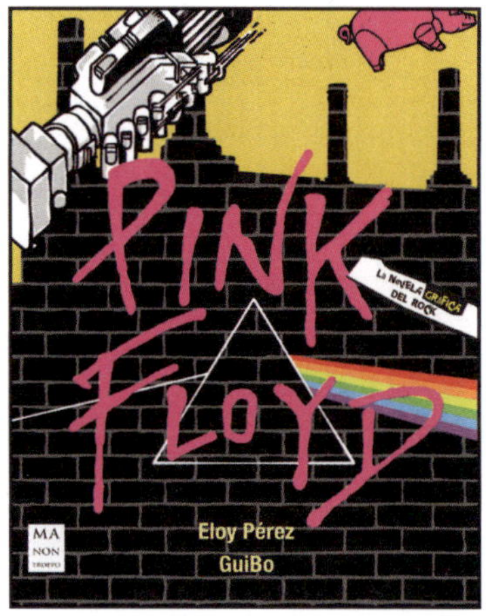

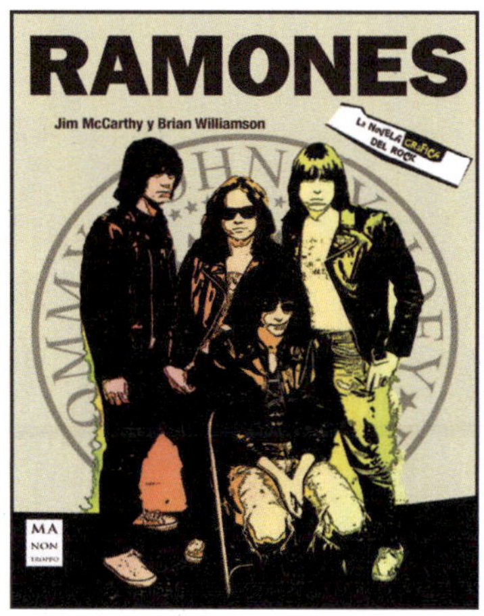

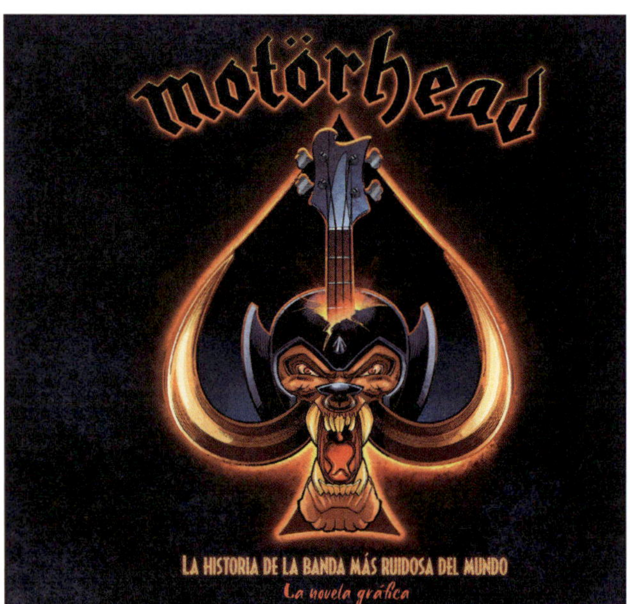

La novela gráfica autorizada por la banda

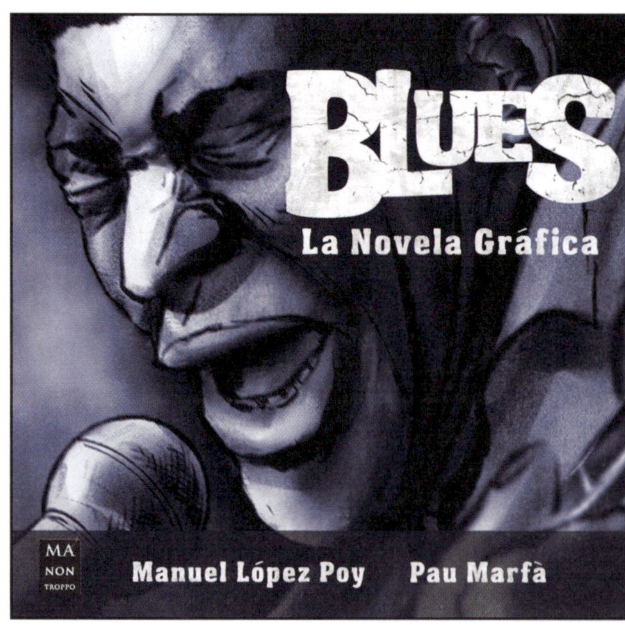

De la A a la Z

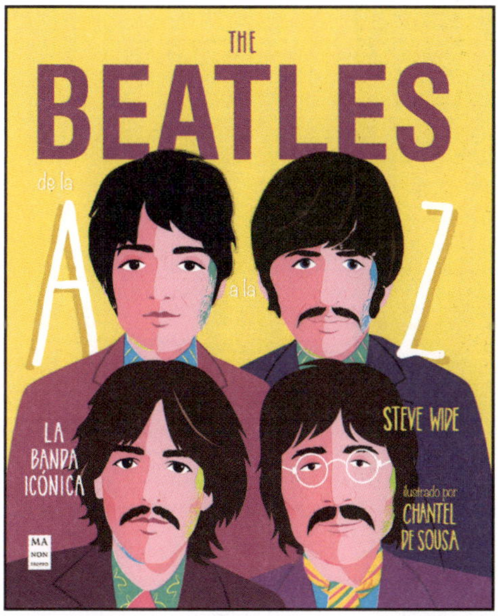

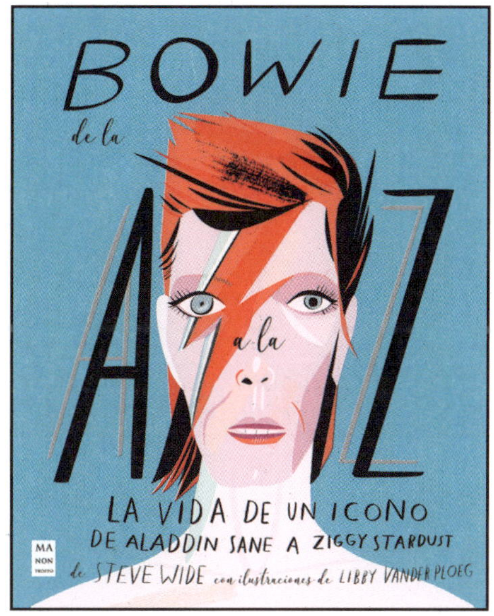

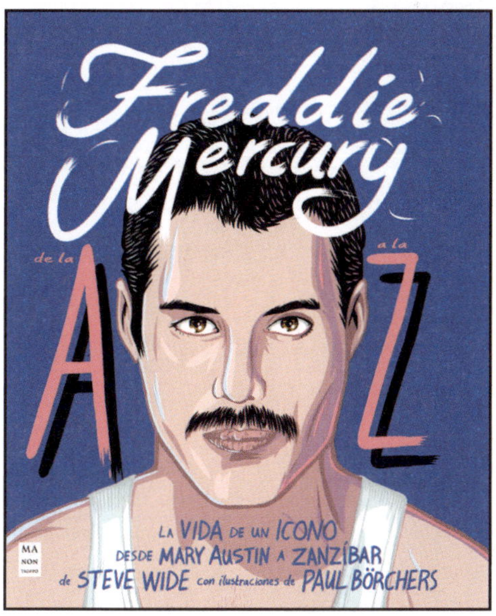

Puedes visitar nuestra página web
www.redbookediciones.com
para ver todos nuestros libros:

Aunque se inspira en hechos y en personajes reales, esta novela gráfica es una obra de ficción. Algunos textos, comportamientos y expresiones de los personajes se han imaginado para facilitar la dramatización. Las obras y los documentos que se citan son propiedad de los autores de origen o de sus derechohabientes.

Historia, dibujos,
colores y diseño
AMAZING AMEZIANE

Editor
Bruno Nougayrède

MIRAMAX
- RESERVOIR DOGS
- PULP FICTION
- JACKIE BROWN
- KILL BILL Vol.1
- KILL BILL Vol.2
- DEATH PROOF
- INGLOURIOUS BASTERDS
- DJANGO UNCHAINED
- THE HATEFUL 8

—

- FOUR ROOMS
- FROM DUSK TILL DAWN
- SIN CITY

20th CENTURY FOX
- MACHETE

COLUMBIA/TRISTAR
- ONCE UPON A TIME IN... HOLLYWOOD

—

- EL MARIACHI
- DESPERADO

Título original: Quentin par Tarantino

28, rue du Comte Félix-Gastaldi - BP 521
98 015 Monaco
www.editionsdurocher.fr

Traducción: Josep Maria Pinto
Compaginación: Gabriel Pérez Conill

ISBN: 978-84-18703-51-5
Depósito legal: B-1.992-2023

Impreso por Arlequin, Av. Puig dels Tudons 3, nave 63 (Pol. Ind. Santiga)
08210 Barberà del Vallès, Barcelona
Impreso en España - *Printed in Spain*

LOS COLORES DEL LOGO DE PULP FICTION SON MOSTAZA SOBRE KETCHUP Y SE INSPIRAN EN LOS DE POLICEWOMEN.

Este libro ha sido creado en Francia.

No se ha maltratado a ningún animal
ni artista durante la producción.

El autor da las gracias a las siguientes personas:

Sybille Titeux de la Croix, Gabriel & Noé, mis leones.

Bruno Nougayrède, Nathalie, Joelle & Richard.

Yann Le Borgne, Mamadou Mahmoud N'Dongo.
Dao, Corentin & Jean-Charles.

También da las gracias a los artistas
sin los cuales nada habría sido posible:

DARWYN COOKE
JOHN PAUL LEON
BILL SIENKIEWICZ
FRANK MILLER
MITCH O'CONNELL
BILL WATTERSON
ROBERT VALLEY
DAVID MAZZUCCHELLI

JOSEF RUBINSTEIN
KLAUS JANSON
KAZUO KOIKE
KAZUO KOJIMA
KAZUO KAMIMURA
KATSUHIRO OTOMO
ALBERTO BRECCIA
JOCK